Schöne Terrassen und Sitzplätze

Traut Graeber · Witta Betz-Schiel

Schöne Terrassen und Sitzplätze

65 Farbfotos
34 Zeichnungen

E.U.
VERLAG
EUGEN
ULMER

Sitzplätze im Garten sind ein wichtiger Bestandteil britischer Gartentradition.

CIP-Titelaufnahme der Deutschen Bibliothek

Graeber, Traut:
Schöne Terrassen und Sitzplätze
Traut Graeber; Witta Betz-Schiel. –
Stuttgart : Ulmer, 1989
ISBN 3-8001-6394-2
NE: Betz-Schiel, Witta:

Wollgrasweg 41, 7000 Stuttgart 70 (Hohenheim)
Printed in Germany
Lektorat: Agnes Bartunek
Herstellung: Karl-Heinz Eitle
Einbandgestaltung: Alfred Krugmann, Freiberg am Neckar
Satz: Typobauer Filmsatz GmbH, Ostfildern 3
Druck und Bindung: Passavia Druckerei GmbH, Passau

Vorwort

In unserer Zeit sind viele Menschen so beherrscht vom Streben nach Besitz, Macht, Geltung und einem Übermaß an Vergnügungen und Unterhaltung, daß kaum noch Zeit für Muße bleibt. Wir besitzen viele Dinge und verfügen über mehr Freizeit als je zuvor, und trotzdem sind viele Menschen nicht glücklich. Früher war auch bei uns die Muße verbreitet. Die freie Zeit und die Ferien verbrachte man in Muße, während heute Animateure aufregende Erlebnisse verkaufen, die den Menschen aber nicht einmal in die Nähe des Wohlbehagens führen, die ein müßiger Naturgenießer erlebt. Für's Gemüt ist die Muße aber fast so wichtig wie die Luft zum Atmen.

Hermann Hesse hat ein Buch geschrieben über »die Kunst des Müßiggangs« und meinte damit nicht das gelangweilte, lähmende Nichtstun. Muße ist, ohne Schuldgefühle die vielgepriesene Aktivität beiseite zu lassen und auch mal »nichts Gescheites« zu tun.

Auf einem Sitzplatz im Garten, auf der Terrasse oder auf dem Balkon kann man besonders gut »schöpferische Pausen« einlegen und in aller Ruhe Himmel und Pflanzen betrachten, Schmetterlinge und Vögel beobachten, den Duft der Blumen genießen und »die Seele baumeln lassen«.

Ist der Freisitz gut geplant und die »Investition Fantasie« eingebracht, wird er zum unersetzlichen Wohnraum im Freien. Wir hoffen, mit diesem Buch dem Leser Anregungen für die Gestaltung eines Sitzplatzes nach seinen persönlichen Wünschen, Bedürfnissen und Möglichkeiten geben zu können.

»Seien Sie gewiß, daß der Besitzer von Tausenden von Morgen von Pflanzungen, Wegen und Wassern in England, Schottland oder hier in Paris kein schöneres, kein andächtigeres Gefühl für die Natur hat, als Sie selbst, wenn Sie sich an einem Sonntage im kleinen Gartenstück ausruhen, am Fuß von Blütenbäumen, die Sie selbst gepflanzt haben, neben dem Beet, in dem der Spaten steckt, den Sie morgen wieder zur Hand nehmen werden.«

(Alphonse de Lamartine, 1790 bis 1869)

Traut Graeber, Bernau am Chiemsee
Witta Betz-Schiel, Straußdorf bei Grafing
Sommer 1989

Inhaltsverzeichnis

Vorwort 5

Die Entwicklung und Bedeutung des Gartensitzplatzes 7

Sitzplätze am Haus und im Garten 10
Sitzplatz im Eingangsbereich 10
Offene Sitzplätze am Haus 10
Überdachte Sitzplätze am Haus 12
Sitzplatz am Reihenhaus 13
Sitzplatz am Mehrfamilienhaus 13
Sitzplätze in Höfen 15
Sitzplätze im Garten 16

Die Planung eines Sitzplatzes 18

Bodenbeläge für Terrassen 20
Unterbau 20
Platten 24
Pflaster 26
Holzbeläge 28
Rasen 29
Verlegearten bei Platten 29
Verlegearten bei Pflaster 31
Die Pflege befestigter Flächen 32

Eine Pergola schafft Atmosphäre 33

Einrichtungen zum Schutz vor Wind, Sonne und neugierigen Blicken 36
Schutzwände 36
Mobile Trennwände 38
Moos- und Torfwand 39
Markisen und Sonnensegel 40
Sonnenschirme 41

Die Möblierung 43
Die Farbgestaltung 43
Kleine Stilkunde der Gartenmöbel 43
Die Qual der Wahl – Kriterien für Gartenmöbel 51
Die Pflege von Gartenmobiliar 52
Alternative Sitzmöglichkeiten 52

Die Beleuchtung 57

Die Bepflanzung 59
Allgemeine Gesichtspunkte 59
Bepflanzungsbeispiele 62
Sichtschutz mit Gehölzen 70
Rosen und Begleitpflanzen 71
»Schneckensichere« Pflanzen 73
Duftpflanzen 74
Giftige Pflanzen 78

Kübel, Schalen, Tröge 82
Auswahl der Pflanzgefäße 82
Bepflanzung 84

Dachgarten-Sitzplätze 87

Sitzplatz am Wasser – Wasser am Sitzplatz 91
Brunnen und Springbrunnen 91
Wasserbecken und Teich 96

Sitzplatz am offenen Kamin 98
Der Gartengrill 100

Tiere am Sitzplatz 101
Vögel 101
Schmetterlinge 104

Plastiken am Sitzplatz 107

Literaturverzeichnis 108
Bildquellen 109
Sachregister 110

Entwicklung und Bedeutung des Gartensitzplatzes

Wie Gebäude und Gärten einem steten Stilwandel unterliegen, so wurde auch der Sitzplatz im Laufe der Jahrhunderte immer den Bedürfnissen und Wünschen der Menschen angepaßt. In einem lateinischen Gedicht, das dem Abt von St. Gallen gewidmet war, schwärmte zuerst Walafried Strabo, der Abt von Reichenau, »vom stillen Sitzen in der Bäume Schatten«. In der Literatur wird dann auch bald nicht nur vom »Wurzgarten«, sondern auch vom »Kosegarten« gesprochen. Das »Kosen« bezieht sich sicher nur auf Plaudereien und »Causerien«, nach dem französischen Wort causer für plaudern. (Erst 800 Jahre später wird im Rokoko-Garten ein »Kosekanapee« für zärtliche Stunden aufgestellt.)

Der »wonnigliche Garten« muß die Mönche aber so entzückt haben, daß man um ihr Seelenheil bangte. Eine Legende im »Hortus Delicarium« der Äbtissin Herrad beschreibt einen Einsiedler, der von der obersten Sprosse der Tugendleiter kopfüber herabstürzt, weil er in den Garten zurückschaut. Er hatte also das irdische dem himmlischen Paradies vorgezogen. Erst um 1450 begannen die Bürger der Städte, sich Gärten anzulegen, wie zum Beispiel in der Fuggerei in Augsburg.

Der Sitzplatz im Garten diente immer wieder auch »christlichem Gebrauch«. Eine Einsiedelei, eine Mooshütte, ließ sich Herzog Wilhelm V. von Bayern (1548 bis 1626) im Residenzgarten an der Münchner Maxburg einrichten, um dort zu meditieren und zu beten.

Wie die Klostermauern den Mönchsgarten, so umschlossen die Befestigungen den Burggarten. Meist war der Mittelpunkt für Geselligkeit die Wiese mit den »Buntblümelein«, mit einem Brunnen und einer Linde, unter der man »wie in einer breiten Laube saß«, oder man nahm Platz im Geäst, das mit Balken und Brettern abgestützt wurde. Hier war der Ruheplatz der Ritter, während die Burgfrauen Rasenbänke benutzten.

Diese Sitzplätze in Bäumen gab es später auch in der Renaissance. Außerhalb des Gartenbereichs der Villa Castello in Florenz stand eine mit Efeu bewachsene Eiche, in deren Ästen ein Sitz angebracht war, zu dem hölzerne Stufen hinaufführten.

Verborgen im Efeu verliefen Röhren, aus denen zum Ergötzen der Gäste Wasserstrahlen sprühten.

In den historischen Gärten der Renaissance- und Barockzeit finden wir kaum ausgestaltete größere Plätze zum Sitzen. Wie in den Schlössern, in denen man durch lange Fluchten von Zimmern schritt und wo die Sitzgelegenheiten an die Wände gerückt waren, so promenierte man im Garten und benützte nur die längs der Wege aufgestellten Bänke.

Im Rokoko übertrug man das Wohngefühl des Hauses auf den Garten und umgekehrt. Man baute in Hecken und Büschen »Boudoirs« und verwandelte Gartenzimmer in Spalierlauben. Beispiele hierfür findet man heute in den Rokoko-Gärten von Bayreuth und Sanssouci. Die Biedermeierzeit war die Hoch-Zeit der Gartenlauben, die zum Teil mit bis zu zwanzig verschiedenen Schlingpflanzen berankt waren. Nicht umsonst fällt in diese Epoche die Gründung der Zeitschrift »Gartenlaube« (1852).

Aus den Gärten der Gründerzeit, die wieder verstärkt dazu dienten, den Wohlstand der Besitzer zur Schau zu stellen, entwickelte sich der heutige Wohngarten.

Baumlauben waren in der Toskana weit verbreitet. Eine der größten bewahrt Della Bellas Stich. Diese Baumlaube befand sich im Park einer Medici-Villa bei Pratolino (aus Gothein 1926).

Im Gegensatz zu früheren Zeiten, wo sich alt und jung auf öffentlichen Plätzen, unter Dorflinden oder am Dorfbrunnen zu Spiel, Schwatz und Tanz traf, ist das Bedürfnis nach Privatleben heutzutage stark ausgeprägt. Das Gefühl für eine naturbedingte Lebensgemeinschaft ging den Menschen unseres Industrie-Zeitalters verloren, weil sich die Lebensumstände so grundlegend geändert haben. Nach der Hektik der Großstadt und dem Zusammensein mit vielen Menschen am Arbeitsplatz sucht der Mensch des 20. Jahrhunderts einen Winkel, in den er sich zurückziehen kann.

Der Garten am Haus hat im Zuge dieser Entwicklung große Bedeutung gewonnen. Wir pflegen ihn selbst und verbringen einen großen Teil unserer Freizeit darin. Auch wenn Gartenarbeit Spaß macht und gesund ist, in jedem Garten muß ein Platz zum Ausruhen vorhanden sein. Ohne Sitzplatz können wir uns einen Garten gar nicht mehr vorstellen; er ist eine Selbstverständlichkeit geworden.

Die Terrasse unmittelbar am Haus wird von allen Sitzplätzen am meisten benützt und besonders gestaltet. Sie verbindet Gebautes mit der Natur und das Leben im Haus mit dem Wohnen im Freien. Durch eine harmonische Verbindung zwischen Wohnhaus und Terrasse wird das Gebäude in den Garten integriert. Gerade der *Sitz*-Platz ist wichtig. Einen Tisch kann man zur Not entbehren, Sitz- und Liegemöglichkeit nicht. Eine Sitzgelegenheit im Freien muß anderen Anforderungen genügen als eine im geschlossenen Raum. Sie ist eng verbunden mit der Natur und in ihrer Nutzung abhängig von der Witterung. Viele positive Erlebnisse verbinden sich mit dem Freisitz. Zeitung

So sieht ein »erwohnter« Sitzplatz aus, das heißt das Mobiliar und die Umgebung wurden nach und nach den Bedürfnissen der Gartenbenutzer angepaßt.

Ein Sitzplatz braucht einen Haltepunkt. Hier ist es eine bepflanzte Mauer.

lesen bei einer Tasse Kaffee, gute Gespräche führen, fröhliche Feste feiern, ausruhen und entspannen nach einem harten Arbeitstag, Spiele der Kinder, Sonnenbad oder Erholung im Schatten an einem heißen Sommertag. Auch »profane« Arbeiten wie Gemüse putzen oder Schularbeiten machen erscheinen weniger lästig, wenn man sie draußen erledigen kann.

Lage, Größe und Himmelsrichtung eines Sitzplatzes hängen von der Architektur des Hauses, der Größe des Grundstücks, von den Bedürfnissen der Bewohner und seine Gestaltung vom Geldbeutel ab. Für das Wohlbefinden ist ein Freisitz unverzichtbar.

Ein Sitzplatz braucht einen »Haltepunkt«. Er verlangt einerseits den Anschluß an ein Gebäude, eine Mauer, einen Baum oder eine Hecke, andererseits soll er eine freie Sicht oder einen dekorativen Blickpunkt bieten. Ist keine Anlehnmöglichkeit vorhanden, müssen wir sie künstlich schaffen. Man muß eben versuchen, aus jeder gegebenen Situation das Beste zu machen. Bei sorgfältiger Planung und gründlicher Überlegung wird man, auch ohne großen Kostenaufwand, zu guten Lösungen kommen.

Manche Sitzplätze müssen erst »erwohnt« werden, bis man sich darauf behaglich fühlt. Häufig ändern sich im Lauf der Jahre die Lebensgewohnheiten, die Familie wird größer oder kleiner. Man kann auch einen Sitzplatz den geänderten Anforderungen anpassen. So wird zum Beispiel aus dem ehemaligen Sandspielkasten ein Wasserbecken oder eine Pflanzfläche, oder zusätzliche Sitzmöglichkeiten werden im Garten angelegt. Hier ist dann ganz besonders auf »Rükkendeckung« zu achten, damit man sich nicht wie auf dem Präsentierteller sitzend fühlt.

Größere Sitzplätze oder Terrassen haben etwas gemeinsam: Sie sind eine in sich geschlossene Fläche des Gartens, die gut begehbar ist, nach Regen schnell abtrocknet und über die Bepflanzung an den Garten anbindet. Dekoratives Element für den Sitzplatz im Freien sind vor allem die Pflanzen, die ihn umgeben. Sie tragen in großem Maße dazu bei, daß wir den Platz als »schön« empfinden.

Sitzplätze am Haus und im Garten

Ein Sitzplatz muß nicht immer am Haus liegen, obwohl dieser Platz am »naheliegendsten« ist. Auch im Garten finden sich geeignete Sitzbereiche, die gerne genutzt werden.

Sitzplatz im Eingangsbereich

Die einfachste Form eines Sitzplatzes am Haus ist die Bank neben der Eingangstüre. Sie gilt als typisches Merkmal ländlicher Gestaltung. Der Bauer hat nur spät am Abend Zeit, sich ein Weilchen auf der »Feierabendbank« auszuruhen. Bei seiner Arbeit im Freien hat er auch nicht das Bedürfnis nach einem größeren Freisitz oder einer Terrasse. Nachdem Bauerngärten und dörfliche Elemente wieder in Mode gekommen sind, entdeckt man auch im städtischen Bereich die Hausbank wieder. Sie wirkt gastfreundlich und einladend und hat auch einen sozialen Aspekt. Mütter mit Kindern, ältere Menschen und Nachbarn können bei einem Schwatz vor der Haustüre leichter Kontakt finden, zwangloser als bei Verabredungen.

Ein kleiner Sitzplatz im Eingangsbereich muß sich nicht auf ländliche Einfamilienhäuser beschränken. Wünschenswert wäre er auch an Reihenhäusern, die meist in Wohnstraßen liegen, oder an Mehrfamilienhäusern in verkehrsberuhigten Wohnvierteln. Statt steriler Grünflächen mit »Betreten verboten«-Schildern, würde ein Sitzplatz viele Funktionen erfüllen. Oft sind Küchen zur Straße hin orientiert. Im Eingangsbereich spielende Kinder kann die Mutter vom Küchenfenster aus besser beaufsichtigen als auf abgelegenen Spielplätzen. Kleinkinder spielen besonders gern in unmittelbarer Nähe des Hauses, und Mütter haben nicht immer Zeit, die Kinder zu hausfernen Plätzen zu begleiten. Auch größere Kinder treffen sich gerne vor der Haustüre. Diese Möglichkeiten sollten viel mehr als bisher üblich genutzt werden.

Auf der Südterrasse wird es im Sommer manchmal zu heiß, so daß das Bedürfnis nach einem zweiten, schattigen und kühleren Sitzplatz aufkommt, oder man möchte die Abendsonne nutzen, die auf die Fläche am Eingang besonders schön scheint.

Die Hausbank sollte stabil und wetterfest sein. Steht eine größere Fläche zur Verfügung, können auch klappbare Stühle verwendet werden, die zum Gebrauch leicht auf- und abgebaut und ohne Probleme zu transportieren sind. Besonders diebstahlsicher sind ortsfest eingebaute Bänke. Der Platzbedarf bei einer Banklänge von 2,0 m beträgt 2,4 m × 1,2 m Grundfläche.

Offene Sitzplätze am Haus

Zum Wohnen im Freien gehört als zusätzliches »Zimmer« eine Terrasse, auf der man sich ausruhen, auf der man essen, spielen und arbeiten kann. Wichtig ist ein direkter Zugang von Wohnraum oder von der Küche, denn ein Sitzplatz wird nur dann intensiv genutzt, wenn man ihn nicht auf Umwegen erreicht, zum Beispiel nur über den Hauseingang. Weil bei uns die Sonne nicht so häufig und kräftig scheint wie in südlichen Ländern, werden Wohnräume meist nach Süden, Südosten oder Südwesten angelegt. Die Ter-

Sitzplatz an einem Ferienhaus in Italien mit einer gemauerten, »diebstahlsicheren« Bank und einem gemauerten Tisch.

rasse schließt an diese Zimmer an, der Innenraum wird dadurch optisch erweitert.

Der Übergang vom Haus zur Terrasse sollte möglichst ohne Stufen verlaufen. Wichtig ist, daß man schon beim Bau des Hauses die endgültige Terrassenhöhe berücksichtigt, besonders beim Einbau der Kellerschächte. Sind sie aus Beton gefertigt, kann man sie später aufmauern (mit zusätzlichen Kosten), Kunststoffschächte lassen das nicht zu. Man ist dann zum Einbau einer Stufe gezwungen, obwohl man sie ursprünglich nicht wollte. Liegt ein Kellerschacht zudem noch vor der Terrassentüre, bleibt eine unangenehm zu begehende, relativ hohe Schwelle. Wünscht oder braucht man eine Stufe, sollte sie als ein Podest ausgeführt sein, und zwar mindestens 60 bis 80 cm breit. Ein darin eingebauter Fußabstreiferrost ist praktisch, denn sehr oft wird man vom Garten über die Terrasse ins Haus gehen.

Leider liegen Sitzplätze am Haus oft auf einem angeschütteten Hügel. Der Ausgang vom Wohnzimmer ist dann zwar ebenerdig, aber das restliche Grundstück liegt tiefer. Steile Böschungen und eine beziehungslos im Hang liegende Treppe begrenzen die Terrasse, auf der man sich wie präsentiert vorkommt. Man fühlt sich unbehaglich, die Einbindung ins Gelände ist mißglückt. Ein hoher Grundwasserspiegel zwingt manchmal dazu, das Haus nicht ebenerdig zu bauen, oder man möchte die Kosten für ein tiefes Ausschachten des Kellers sparen. Der Kelleraushub wird dann für die Terrassenanschüttung verwendet. Aber bessere Lösungen bieten sich an.

Weich ausgezogene Böschungen verbinden Garten und Haus, besonders

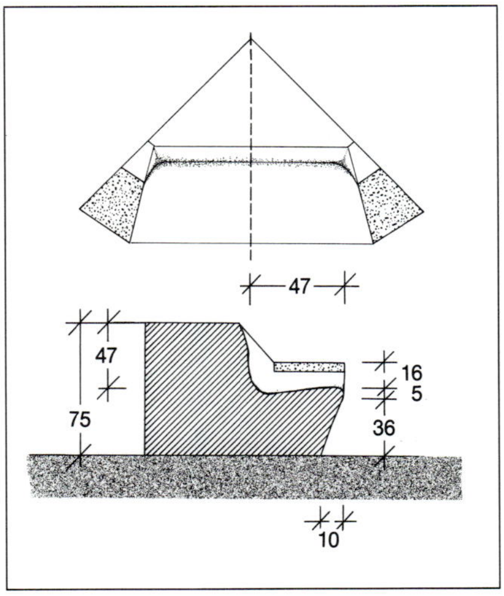

Gemauerte Sitzbank mit seitlich angebrachten Steinplatten als Ablageflächen.

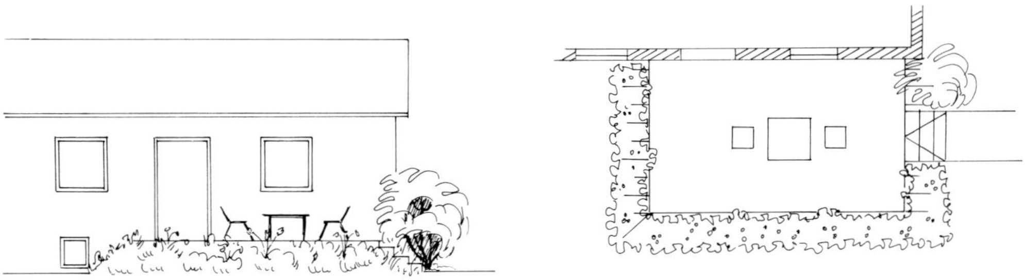

falsch: steile Böschung, Terrasse ohne Bezug zum Garten

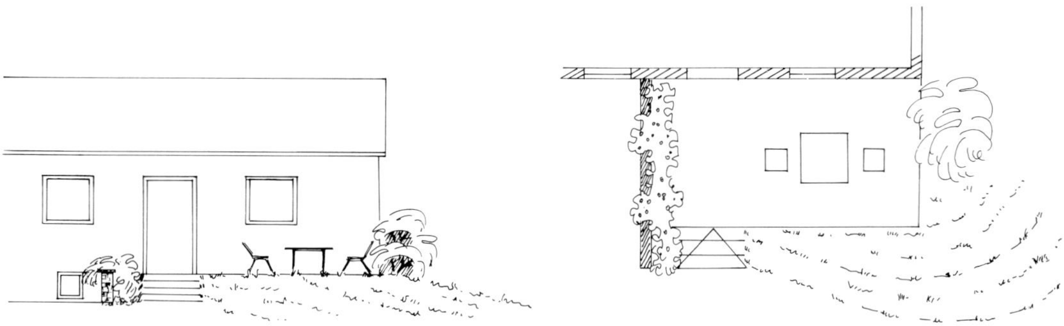

richtig: weich ausgezogener Hang, Rasenfläche reicht bis zum Sitzplatz, niedrige Stützmauer

Weich ausgezogene Böschungen verbinden Haus und Garten.

wenn die ebene Fläche vergrößert wird. Die Terrasse wirkt größer, wenn der Belag in eine Rasenfläche übergeht und nur teilweise bepflanzt wird. Stützmauern, die auch als Sitzmäuerchen etwa 40 cm über das Plattenniveau hochgezogen werden können, lassen den Sitzplatz gemütlicher erscheinen. Überlegt man sich die Gestaltung der Terrasse schon bei der Planung des Hauses, so entstehen kaum Mehrkosten. Bei eventuell vorhandenen unbefriedigenden Gegebenheiten lohnt sich der finanzielle Aufwand, um schließlich eine Terrasse zu erhalten, auf der man sich gerne aufhält und die man wirklich als »grünes Zimmer« benutzt.

Auf offenen Terrassen wird es an Hochsommertagen heiß. Beschatten kann man sie durch eine geeignete Bepflanzung, durch Sonnenschirm oder Markisen (siehe Seite 41). Die Gartenmöbel sollten wetterfest oder leicht transportierbar sein. Das wiederholte Wegräumen und Aufstellen von Tisch und Stühlen mindert die Bewohnbarkeit eines Sitzplatzes erheblich.

Überdachte Sitzplätze am Haus

Eine überdachte Terrasse bietet einige Vorteile. Wir müssen nicht beim ersten Regentropfen schleunigst Kaffeegeschirr, Sitzkissen, Bücher oder Gartenmöbel wegräumen, und bei sommerlichen Gartenfesten können wir uns die besorgten Blicke zum bewölkten Himmel sparen. Bei Hitze bleibt man vor zu viel Sonne verschont, an weniger heißen Tagen und am Abend bleibt es unter dem schützenden Dach angenehm warm. Allerdings kann es auf so einer Terrasse – je nach Lage – auch schon früh am Nachmittag schattig werden. Eine Vergrößerung der Terrasse durch Vorziehen des Belages in sonnige Bereiche ermöglicht dann auch Sonnenanbetern den erwünschten Genuß.

Flächen, die im Regenschatten überstehender Dächer und Balkone liegen, lassen sich nur schwer begrünen, und kaum jemand hat Lust, bei tagelangem Regen seinen Garten am Haus zu gießen; oft wird es auch einfach vergessen. Bevor man Bachkiesel ausbringt, sollte man überlegen, ob sich diese Flächen bei entsprechender Vergrößerung für einen zusätzlichen, teilweise überdeckten Sitzplatz eignen, zum Beispiel vor der Küche oder dem Kinderzimmer. Die lichte Höhe zwischen fertigem Belag und Dach- oder Balkonüberstand soll mindestens 2 m betragen. Bildet das Haus mit der Garage oder einem Nachbargebäude einen Winkel, ergibt das oft einen idealen windgeschützten, hausnahen Sitzplatz. Häufig eignet sich dieser Platz besonders gut zur Überdachung oder zum Einbau einer Pergola, die auch teilweise regenfest überdeckt werden kann.

Sitzplatz am Reihenhaus

Die Größe unserer Gärten verringert sich immer mehr, weil die Grundstückspreise ständig höher klettern. An Reihenhäusern ist es oft besonders schwer, einen ungestörten Sitzplatz zu gestalten. Räumliche Enge bewirkt Aggression, und leider wird bei der Planung der Gebäude viel zu wenig auf solche Gesichtspunkte geachtet. Wirklich gute Lösungen sind eigentlich nur möglich, wenn schon beim Hausbau auf die Bewohnbarkeit der Gärten Rücksicht genommen wird. Gestaffelte Baukörper oder eingeschobene Terrassen schließen das allzu dichte Nebeneinander aus. Viele Reihenhäuser stehen wie mit der Latte ausgerichtet an der Straße, und entsprechend ungeschützt liegen die Sitzplätze dicht an dicht nebeneinander.

Der beschirmte Sitzplatz bietet in heißen Mittagsstunden Schutz vor praller Sonne.

Wichtig ist eine genügend große befestigte Fläche und eine gute Trennung von den Nachbarn auf beiden Seiten. Mit Hilfe halbhoher Mauern, bepflanzten Trennwänden, oder indem man den Sitzplatz von einem Nachbarn abrückt, kann man versuchen, etwas mehr Privatsphäre am Sitzplatz zu schaffen.

Ist der Reihenhausgarten groß genug, ließe sich auch an einen zweiten Sitzplatz etwas entfernt vom Haus denken, der ein Ausweichen ermöglicht, wenn es aus »akustischen« Gründen nötig erscheint. Mit geschickter Bepflanzung, vielleicht auch mit Hilfe einer Pergola, die vor Einsicht schützt, erhält man einen Freisitz, den man lieber bewohnt als einen in Hörweite der Nachbarn (vergleiche auch Seite 33 ff.).

Sitzplatz am Mehrfamilienhaus

Bei Mehrfamilienhäusern oder an Wohnblocks sind die Zahl der Pkw-Stellplätze und die Kinderspielplätze gesetzlich geregelt, die Prioritäten sind auch in dieser Reihenfolge gesetzt! Dem erwachsenen Bewohner gönnt man höchstens einen Balkon oder eine Loggia, um sein Bedürfnis nach dem »Wohnen im Freien« zu

Hoch droben auf dem Dach hat sich jemand auf kleinstem Raum eine Idylle geschaffen.

befriedigen. Hat er Glück, so ist der Balkon wenigstens groß genug, um Tisch, Stühle und ein paar Pflanzen unterzubringen. Oft sind die Balkone aber viel zu klein oder nach einer belebten Straße ausgerichtet. Sie dienen mehr der »Gliederung der Fassade«, an die Benutzbarkeit dachten die Planer dabei oft nicht. Spielplätze nach DIN 18034, sterile Rasen- und Pflanzflächen, die als Gemeinschaftsgrün deklariert sind und deren Pflege von der Hausgemeinschaft bezahlt werden muß, umgeben die Häuser. Die Planer müßten dazu verpflichtet werden, auch an Stellplätze gleich Sitzplätze für Erwachsene zu denken.

Die »Unwirtlichkeit unserer Städte« (Mitscherlich) sowie die oft beklagte Anonymität der Bewohner ließen sich mildern, wenn die Menschen, die auf engem Raum zusammenleben müssen, die Möglichkeit hätten, sich in Hausnähe zwanglos im Grünen aufzuhalten. An alles wird gedacht: Feuerwehrzufahrt, Müllcontainer, Fahrradständer, Teppichstange usw. Die sogenannte »Freifläche« um die Häuser herum kann eigentlich nur bedeuten, daß sie frei von Nutzungsmöglichkeiten für die Bewohner ist. Einen einladenden Sitzplatz wird man selten finden, der Aufenthalt in Sonne und Schatten bietet und Treffpunkt für jung und alt sein könnte, obwohl ja meist genügend »Abstandsgrün« zwischen den Gebäuden vorgeschrieben und vorhanden ist.

Ein Bedürfnis für solche Treffpunkte besteht, wie die Begrünungsmaßnahmen in Hinterhöfen zeigen. Sie werden oft von mehreren Hauseigentümern gemeinsam finanziert, und nicht selten packen beim Bau die Bewohner in ihrer Freizeit kräftig mit an. Daß der moderne Mensch trotz aller technischer Errungenschaften Naturnähe sucht, zeigt ja auch die sonntägliche Stadtflucht mit ihren Folgen – verstopfte Straßen und überlaufene Naherholungsgebiete. Wer es sich leisten kann, hat ein Zweithaus oder eine Ferienwohnung, den Campingwagen auf dem Dauerstellplatz oder einen Schrebergarten.

Sicher können Sitzplätze am Mehrfamilienhaus keine echte Alternative zum eigenen Wohngarten oder zur freien Landschaft sein. Es gibt aber auch Städter, die in ihrer Freizeit nicht wegfahren können oder wollen und die auch keine Lust haben, sich in öffentlichen Parkanlagen auf eine Bank zu setzen. Die räumliche Nähe zur Wohnung ist eben wichtig, um sich ohne große Vorbereitungen draußen aufhalten zu können. Es sind dies die gleichen Wünsche, die auch Einfamilienhausbewohner hatten und sich erfüllen konnten.

So ein Sitzplatz muß gar nicht aufwendig sein. Mit Hilfe von Bäumen oder einer Pergola gegen Einsicht von oben geschützt, mit ein paar stabilen Bänken und Tischen und einer abwechslungsreichen und trotzdem pflegeleichten Bepflanzung ausgestattet, wäre schon viel gewonnen. Das »Gemeinschaftsgrün« hätte dann einen realen Sinn, es erfüllte einen sozialen Zweck und wäre weit mehr als nur dekoratives Feigenblatt mit dem so oft fälschlich in Anzeigen erscheinenden Etikett vom »Wohnen im Grünen«.

Sitzplätze in Höfen

Im Stadtbereich müssen die Bewohner oft mit ummauerten, kleinen und unattraktiven Flächen zurechtkommen. Diese Parzellen werfen mehr Probleme auf als freie Grundstücke. Außer Platzmangel und Mauern mit dunklen Schatten ist oft der Boden so schlecht, daß keine Pflanze gedeihen will. Diese Nachteile auszugleichen, verlangt Ideenreichtum und Pflanzenkenntnisse. Hochbeete, aus Holzbohlen aufgebaut oder gemauert und mit guter Pflanzenerde gefüllt, geben vielen Pflanzen genügend Wurzelraum, und schattenliebende Kletterpflanzen machen die schäbigste Mauer zu einer grünen Oase. Natürlich müssen auch im kleinen Gartenhof die Proportionen stimmen und dem »Taschenformat« des Hofes entsprechen.

Die befestigten Flächen für Wege und Sitzplätze wirken größer, wenn kleinformatiges Material verwendet wird, zum Beispiel Klinker oder Betonpflaster mit kleinen Ausmaßen. Auch die Verlegeart ist gut zu überlegen. Ein mit Längsfugen verlegter kurzer Weg wirkt länger und gibt mehr Tiefe als quer zur Laufrichtung liegende durchgehende Fugen. Ein Sitzplatz mit kreisförmig verlegtem Pflaster wirkt größer. Auch durch besondere Blickpunkte, die dem Betrachter auffallen, wie beispielsweise ein Trog, ein kleiner Brunnen oder nur ein besonders schöner großer Findling, kann der Gartenhof optisch vergrößert werden, ebenso durch eine gute Linienführung der Pflanzflächen. Mehr Raum suggerieren auch Pflanzen, wenn helles Grün sich von dunklem abhebt oder schmale und breite Blattformen kontrastieren.

Will man kostspielige Erdarbeiten beim Bau eines befestigten Sitzplatzes vermeiden, die wegen fehlender Zufahrt oft nur in Handarbeit und mit Schubkarren-Transport möglich sind, wird ein Holzdeck die beste und preiswerteste Lösung sein, die auch Heimwerker bewältigen. Der entstehende Höhenunterschied durch die erforderlichen Unterlagehölzer, auch wenn er nur eine oder zwei Stufen beträgt, kann die Nutzungsmöglichkeit erweitern und den Hof bereichern. Das Podest bietet Kindern zusätzliche Sitzmöglichkeiten und eignet sich als »Bühne« beim Theaterspiel. Gegen Einblick von den Obergeschossen schützt eine Pergola.

Innenhöfe müssen nicht trist sein, wie diese Sitzecke an einem Mehrfamilienhaus beweist.

Der Sitzplatz lädt ein, sich niederzulassen und das Frühlingserwachen zu beobachten.

Zu einem sehr schattigen Sitzplatz passen besonders helle Gartenmöbel als Kontrast. Helle Farben wirken auch architektonisch luftig und leicht, dunkle einengend und oft bedrückend.

Sitzplätze im Garten

Ein Sitzplatz zusätzlich zur Terrasse am Haus kann sehr reizvoll sein, man sieht Haus und Garten von dort aus einem anderen Blickwinkel. Vielleicht hat man auch von einer Stelle im Garten einen besonders schönen Blick in die Landschaft, oder im Garten steht ein großer Baum, der an heißen Tagen Schatten spendet. Wer will kann sich dorthin zurückziehen, wenn auf der Terrasse zu viel »Betrieb« herrscht. Oder man kann auf einem geeigneten Platz die letzten Strahlen der Abendsonne genießen, die die Terrasse am Haus nicht mehr erreichen.

Manchmal wird auch eine Baulücke geschlossen und Aussicht und *Ein*sicht verändern sich so, daß man sich auf der Terrasse am Haus nicht mehr ungestört fühlt und auf eine andere Gartenecke ausweichen will. Wir sollten aufmerksam durch unseren Garten gehen und genau überlegen, wo sich der schönste Platz befindet. Fehlt ein besonderer, schon vorhandener Bezugspunkt wie Baum, Wasserbecken, Blick in die Landschaft, so können wir etwas planen, das den Gartenplatz attraktiv macht. Mit ein paar geschickt verlegten Findlingen, einer schönen großen Tonvase, Terrakotta-Kübeln mit hübscher Bepflanzung, einem Steintrog, kleinem Springbrunnen oder einem gemauerten Grill und passenden Gartenmöbeln bekommt der Sitzplatz ein unverwechselbares Gepräge. Ein Zuviel an Beiwerk stört. Die Kunst des Weglassens, die Sparsamkeit in Auswahl und Zusammenstellung der Materialien, bringt dagegen Harmonie und Gemütlichkeit. Man sollte sich an eine bestimmte Richtung halten, an ein klares Grundkonzept. Nicht alles, was gefällt, paßt zusammen.

Oft fehlt am Gartenplatz der »Rückenschutz«, aber mit Schilfmatten, Flecht- oder Gitterwänden läßt sich das Problem lösen (siehe Seite 37 und 38). Kommt dann noch eine gute Bepflanzung hinzu, die Atmosphäre bringt und den Platz belebt, wird man sich bestimmt ausgesprochen wohl fühlen.

Bei dieser wohnlichen Sitzgruppe ist der Schirm direkt am Tisch angebracht, sogar eine Beleuchtung wurde installiert.

Hat man das Glück, im Garten einen alten schönen Baum zu besitzen, könnte auch eine Rundbank passen. Sie muß nicht unbedingt »rund« sein, nur rund um den Baum reichen. Mit »Karlsruher Gartensteinen« und Bankauflagen ist auch eine »eckige Rundbank« leicht zu bauen.

Bei neuen Häusern gelten ähnliche Kriterien wie für die Anlage von Innenhöfen, nur werden hier meist keine hohen Mauern und tiefer Schatten zum Problem, eher die Sonne, die den Hof so aufheizen kann, daß von den Bewohnern niemand mehr der »eitlen Sonne huldigt«, wie es bei Shakespeare in »Romeo und Julia« heißt. Ein wirksamer Sonnenschutz ist deshalb wichtig. Ob Markise, Sonnenschirm oder Pergola hängt von den örtlichen Gegebenheiten ab. In größeren Gartenhöfen wird man genügend Platz für mehrere Sitzplätze haben, in kleinen nicht. Hier sollte der eine vorhandene Sitzplatz so gestaltet werden, daß unterschiedlich zu nutzende Bereiche entstehen und man die Gartenmöbel nach Bedarf in Sonne oder Schatten rücken kann.

Ein Wasserbecken oder ein Brunnen ist im Gartenhof in Sitzplatznähe besonders wertvoll. Im Becken erwärmt sich das Wasser langsam und kühlt auch langsam wieder ab. Das verdunstende Wasser erhöht die Luftfeuchtigkeit, die Temperaturen werden ausgeglichen. Brunnen oder Springstrahl verhelfen ebenso durch das Versprühen feinster Wassertropfen zu einem angenehmen Wohnklima. Je näher die Wasserstelle an der Terrasse liegt, desto intensiver kann man beobachten: Insekten und Wasserpflanzen im ruhigen Gewässer und das Spiel der Tropfen im Brunnen. Auch bei Regen hat ein Blick durch das Wohnzimmerfenster auf das Wasser seinen Reiz. Bei der Suche nach einem geeigneten Standort sollte das nicht vergessen werden. Selbst in einem einfachen, genügend tiefen Kunststoffbottich, Holzfässer sind schöner, aber teurer, lassen sich Seerosen und Wasserpflanzen problemlos überwintern. Beim Kauf muß man nur Arten oder Sorten aussuchen, die sich für die vorhandene Wassertiefe eignen und nicht zu starkwüchsig sind. Nachgefüllt wird das verdunstete Wasser mit Gießkanne oder Gartenschlauch, und »kaschieren« kann man das Gefäß mit ein paar davorgestellten hübschen Töpfen mit Sommerblumen. (Siehe auch Seite 91 ff.)

Die Planung eines Sitzplatzes

Für die **Größe einer Terrasse** sind vor allem die Ansprüche der Bewohner ausschlaggebend und die Proportionen von Haus und Garten. Ein Zweipersonenhaushalt benötigt weniger Freisitzfläche als eine große Familie. Wer vor hat, sich oft mit vielen Gästen zu Gartenfesten und Grillparties zu treffen, muß großzügig planen. Auch wenn man außer Tischen und Stühlen noch Liegestühle zum Sonnen aufstellen will oder Platz zum Spielen für die Kinder möchte, ist dieser Platzbedarf zu berücksichtigen.

Wichtig ist, daß man um Tisch und Stühle noch herumgehen kann.

Der **Standort der Terrasse** hängt ab von der Lage des Hauses im Grundstück und der Bauart des Hauses. Jeder Bauherr hat seine eigenen Wünsche. Wer gerne in der Sonne sitzt, wird den Freisitz an die Südseite legen, Berufstätige bevorzugen die Südwestlage, damit sie am Abend noch die Sonne genießen könnnen. Eine Frühstücksterrasse orientiert man nach Südosten. Auch Sitzplätze im Schatten sind reizvoll. Besonders an heißen Sommertagen wird man sich gerne an der Nordseite des Hauses aufhalten. Etwas Morgen- und Abendsonne scheint auch hier noch meistens hin.

Wir sollten die Lichtverhältnisse vor der endgültigen Fertigstellung der Terrasse beobachten. Vielleicht muß man sie vergrößern, weil ein Teil, zum Beispiel unter einem Balkon, zu wenig Sonne bekommt, oder wir stellen fest, daß man an

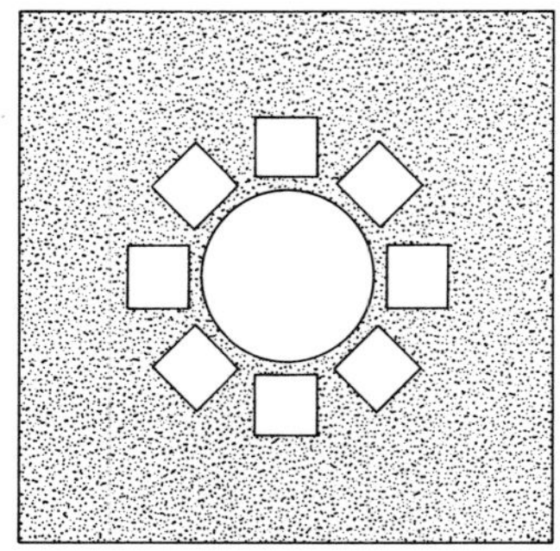

Tisch ∅ 120 cm und acht Stühle

Platzbedarf für Sitzgruppen.

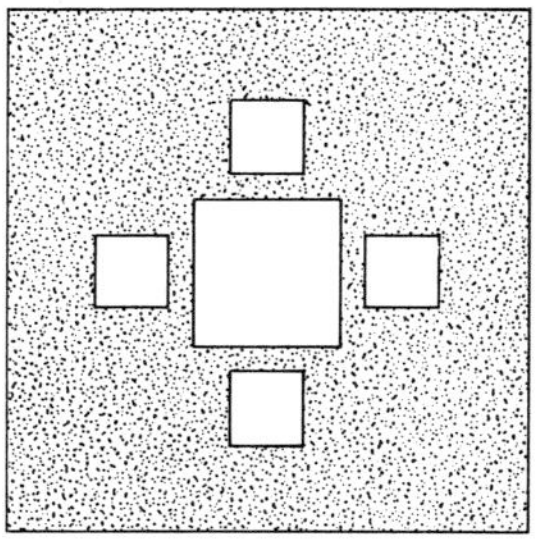

Tisch 90 × 90 cm und vier Stühle
Terrasse 320 × 320 cm

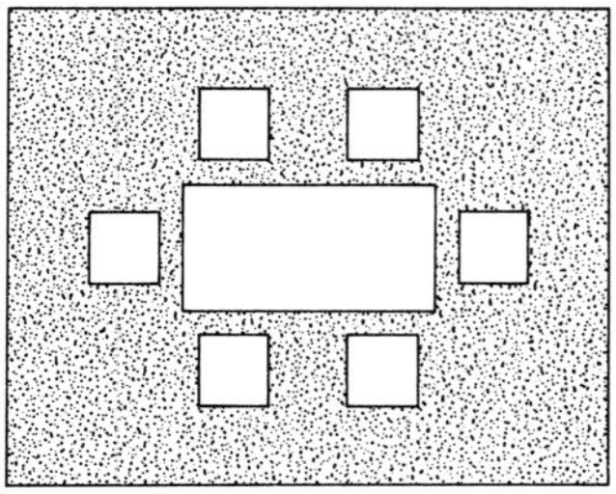

Tisch 160 × 80 cm und sechs Stühle
Terrasse 380 × 300 cm

einer Hausseite die Morgen- oder Abendsonne besonders intensiv genießen kann. Bei manchen Neubauten, zum Beispiel an Reihenhäusern oder Doppelhäusern, sind die Wahlmöglichkeiten naturgemäß erheblich eingeschränkt, und man wird sich auf den vorgegebenen Platz beschränken müssen.

Flächenbedarf von Sitzplätzen

Sitzplatz	Flächenbedarf
mit Bank, Banklänge 2 m	2,4 m × 1 m
mit Bank und Tisch, Tisch 1 m × 1,2 m	2,4 m × 2 m
mit Tisch, 80 cm × 80 cm, und vier Stühlen	3 m × 3 m
mit Tisch, Durchmesser 90 cm, und vier Stühlen	3,2 m × 3,2 m
mit rechteckigem Tisch, 1,6 m × 80 cm, und sechs Stühlen	3,8 m × 3 m
mit rundem Tisch, Durchmesser 1,2 m, und acht Stühlen	3,8 m × 3,8 m
Sitz- und Liegeterrasse	etwa 30 m^2
Sitzplatz für Sitzgruppe, Liegen und Grillplatz	etwa 35 m^2

Bodenbeläge für Terrassen

Garten und Haus sollten eine Einheit bilden. Das Material für den Belag von Wegen und Sitzplätzen ist von ganz entscheidender Bedeutung und muß zum Stil des Hauses passen. Naturstein, Klinker, Betonstein oder Holz, jedes Material hat eine eigene Ausstrahlung und sollte eine Beziehung zu Garten und Haus haben. Wohnräume kann man optisch vergrößern, wenn der Terrassenbelag in Material oder Farbe dem im Zimmer verwendeten Material entspricht, zum Beispiel wenn innen Klinkerplatten und außen Klinkerpflaster verwendet wird, oder dem hellen Teppichboden im Wohnraum steht ein heller Plattenbelag auf der Terrasse gegenüber. In manchen Häusern wurden auch schon für den Fußboden des Erdgeschosses und für die Terrasse durchgehend die gleichen Natursteinplatten verwendet, zum Beispiel Travertin, Nagelfluh oder Porphyr.

Um Harmonie und eine gewisse Großzügigkeit zu erreichen, sollten wir uns möglichst auf eine, höchstens aber drei verschiedene Belegarten beschränken. Unterschiedliche Materialien sollten Kontrastwirkung haben und doch gut zusammenpassen. Die Auswahl ist groß, die Entscheidung wird meistens von den finanziellen Möglichkeiten abhängen. Es ist aber sinnvoll, für »gebaute« Gartenteile gleich etwas mehr Geld auszugeben, denn so gut wie nie entschließt man sich dazu, Wege- und Terrassenbeläge auszuwechseln. Lieber zunächst an der Bepflanzung sparen oder sie auf mehrere Pflanzperioden verteilen.

Wichtig ist bei allen Materialien der handwerklich einwandfreie und saubere Einbau. Eine mit billigen Ausschuß-Bruchsteinen zusammengeflickte Fläche sieht »billiger« aus als eine mit preiswerten Betonplatten gut verlegte Terrasse, die vielleicht mit Natursteinpflaster aufgelockert oder gegliedert ist.

Auch Größe und Format der Steine sind wichtig, um optische Wirkungen zu erzielen. Je kleiner die Fläche desto kleiner sollte auch das Platten- oder Steinformat sein. Die Fläche wirkt dadurch größer. Kleinformatiges Material ergibt durch das Fugenspiel eine lebhafte Oberflächenstruktur. Immer müssen Fugen im richtigen Verhältnis zur Größe von Platten und Pflaster stehen. Sie dürfen niemals dominieren. Je kleiner die Steinform desto enger die Fugen. Besonders störend wirken die oft viel zu breiten, mit Beton ausgeschmierten Fugen in einem schlecht verlegten Belag mit zu kleinen Platten. Wie Krampfadern durchziehen sie die Natursteinfläche und werten sie ab.

Unterbau

Ob Naturstein- oder Betonplatte, Klinker oder Pflaster, jeder Terrassenbelag braucht einen frostsicheren und tragfähigen Unterbau. Wir haben dafür zwei Möglichkeiten: die armierte Betonplatte und den Kiesunterbau.

Armierte Betonplatte

Bei Terrassen am Haus wird oft der Einbau einer Betonplatte erwogen. Die Empfehlung kommt meistens von seiten der Baufirma und beruht nicht nur auf Nächstenliebe, denn die Firma verdient an diesem Unterbau ganz gut. Das häufigste Argument lautet: Mit einem Beton-Unterbau kann die Terrasse nicht absacken. Das kann sie aber trotzdem. Vermieden wird das nur, wenn entweder in einem Zug mit dem Erdgeschoß-Fußboden betoniert wird, also eine untrennbare Verbindung mit dem Haus entsteht (Nachteil: Kältebrücke), oder wenn die Armierung mit dem Haus fest verbunden wird. Dann muß man auch einen Statiker zu Rate ziehen.

In unserer modernen Industriegesellschaft wird viel zu viel Fläche wasserundurchlässig versiegelt, dazu gehört auch der Beton-Unterbau. Natürlicher und umweltfreundlicher ist ein Kiesunterbau, bei dem Wasser versickert und nicht in die Kanalisation abgeleitet wird. Eine Terrasse »setzt« sich, wenn die Hinterfüllung der Grundmauern oder des Untergeschosses nicht sorgfältig ausgeführt wurde. In den Arbeitsraum, den die Maurer zur Herstellung der Mauern brauchten, wird häufig »diskret« aller Abfall gekippt, der beim Hausbau anfällt: leere Farbkübel, Fliesen- und Teppichbodenreste, kaputte Ziegel, Betonbrocken aus der Mischmaschine und anderes mehr. Zugedeckt wird das Ganze mit einigen Schaufeln Erde, und schon entfällt das lästige Abfahren auf die Müllkippe. Dann wird meterhoch Füllmaterial angeschoben und – vielleicht – die oberste Schicht abgerüttelt. Eine übliche Rüttelplatte verdichtet aber nur bis zu einer Tiefe von 40 bis 50 cm. Im Lauf der Zeit verrotten die Farbkübel, Hohlräume bilden sich, und das Material rutscht nach, einschließlich des Terrassenbelages. Um Setzungen so weit wie möglich auszuschließen, müßte das Füllmaterial »lageweise« verdichtet werden, also jeweils nach dem Einbringen einer etwa 50 cm starken Schicht. Leider wird selten so verfahren. Den Bauherren ist zu empfehlen, darauf besonders zu achten, um sich später Ärger und unnötige Kosten zu ersparen.

Bei einem frostsicheren Unterbau aus Kies ist die Reparatur einer abgesackten Fläche einfach und preiswert. Man hebt das Belagmaterial ab, gleicht den Unterbau mit frostsicherem Material aus, stampft oder rüttelt ab und verlegt Platten oder Pflaster neu. Sackt die Betonplatte mit aufbetonierten Platten ab, bleibt entweder eine nicht reparierbare Stolperschwelle oder sie reißt. Eine Reparatur ist teuer, weil man den Belag nicht wieder verwenden kann und alles neu erstellen lassen muß. Das ist sehr aufwendig und nicht billig. Statt eines teueren Betonunterbaus, den man nicht sieht, sollte man lieber auf Kies verlegen und das gesparte Geld für einen schöneren Belag verwenden, an dem man täglich und jahrzehntelang seine Freude hat.

Will man auf den Betonunterbau nicht verzichten, muß man unbedingt zwei Dinge beachten:

1. Die Betonplatte muß ein Gefälle von ein bis zwei Prozent haben, das heißt je Meter 1 bis 2 cm vom Haus weg. Später ist es technisch fast unmöglich, mit dem Belag das unbedingt erforderliche Gefälle einzubauen. Ist die Terrasse zum Beispiel 3 m breit und liegt die Betonplatte 5 cm eben unter der fertigen Höhe, haben wir am Rand der Terrasse bei 1,5 Prozent Gefälle nur noch einen halben Zentimeter Spielraum für Mörtelbett und Platte. Das reicht nicht einmal mehr für dünne Keramikfliesen.

2. Die Stärke des Belags sollte berücksichtigt werden. Lieber einige Zentimeter mehr unter der geplanten fertigen Oberkante bleiben als zu knapp. So hat man, falls man sich noch nicht für ein bestimmtes Material entschieden hat, weit größere Möglichkeiten bei der Auswahl unter den vielen angebotenen Belägen unterschiedlicher Stärke. Mit dem Mörtelbett gleicht man die Höhe dann aus.

Kiesunterbau

Die großen Vorteile des Kiesunterbaus sind der bessere Wasserabzug, die geringeren Herstellungskosten, die einfachere Anfertigung und die Möglichkeit, Reparaturen preiswert ausführen zu können.

Mit etwas Geschick können Heimwerker die Flächen selbst befestigen. Zunächst wird die Tiefe der Auskofferung berechnet:

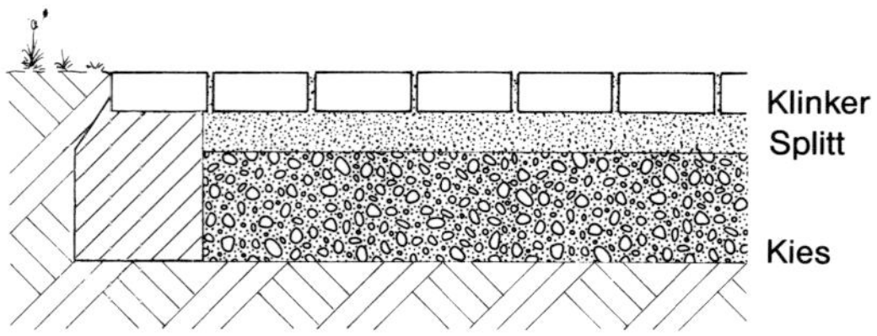

Klinker- oder Betonpflaster mit Betonkeil

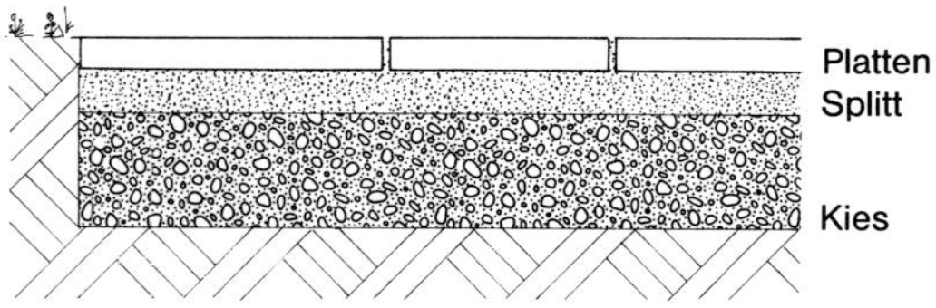

Plattenbelag auf Kiesunterbau

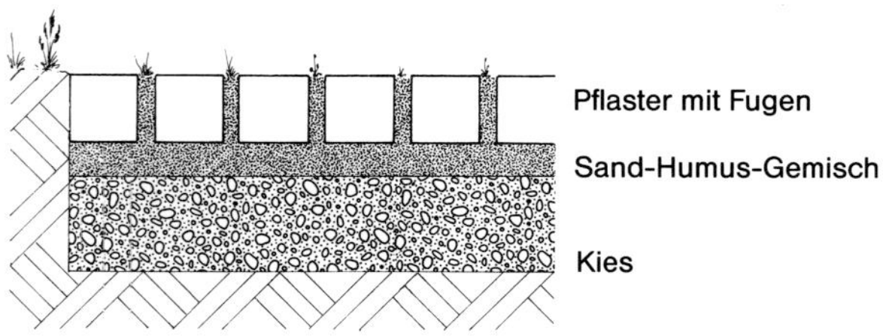

Rasenpflaster

Der Kiesunterbau ermöglicht einen besseren Wasserabzug, ist kostengünstiger und läßt sich einfacher anfertigen als eine armierte Betonplatte.

Unterbau	15 bis 20 cm
Splitt oder Sandbett	etwa 5 cm
Platten	etwa 5 cm
(Klinker etwa 7,5 cm)	
Auskofferungstiefe	25 bis 30 cm

Mit Pflöcken und Schnur wird die Begrenzung abgesteckt und die Fläche ausgehoben. Empfehlenswert ist es, den Unterbau etwas breiter als die endgültige Größe der Terrasse anzulegen. Die Randplatten liegen dann fester, der Unterbau wird anschließend mit Humus bis zum Belagrand überdeckt.

Die Sohle sollte schon das vorgesehene Gefälle vom Haus weg erhalten. 2 Prozent Gefälle sollten nicht überschritten werden, sonst steht später der Tisch schief, und die Kaffeetassen können nur zur Hälfte gefüllt werden, sonst schwappt der Inhalt über. Verzichten darf man auf ein Gefälle nicht, auch bei Platzregen muß das Wasser schnell ablaufen können und darf sich nicht am Haus stauen, sonst kann es über Kellerschächte oder an den Türöffnungen ins Haus dringen. Ein Teil des Regenwassers versickert durch die Fugen, der Rest wird entsprechend der Gefälle-Richtung in die angrenzende Vegetation abgeleitet.

Zur Herstellung des Gefälles spannt man eine Schnur und überprüft mit Setzlatte und Wasserwaage. Die Sohle wird sorgfältig geglättet und verdichtet. In einschlägigen Geschäften kann man Rüttelplatten oder Stampfer ausleihen. Dann wird frostsicherer Kies eingebracht, verteilt und lageweise abgerüttelt bis zur erforderlichen Stärke und unter Berücksichtigung des Gefälles. Auf diese vorbereitete Tragschicht bringt man nun die Splitt- oder Sandschicht auf, die als »Bett« für Pflaster oder Platten dient. Bei größeren Flächen sollte man das abschnittsweise vornehmen. Fachleute legen seitlich Eisenrohre mit einem Durchmesser von 5 cm, füllen Splitt ein und ziehen mit einem Brett gleichmäßig ab. Wird Sand verwendet, empfiehlt es sich, ihn vor der Verlegung gründlich anzufeuchten. Der Belag liegt dann fester auf. Bei Splitt dagegen ist das nicht nötig. Wollen wir Natursteinplatten mit unterschiedlichen Stärken oder unregelmäßigen oder unebenen Unterseiten verlegen, ist es ratsam, ein stärkeres »Bett« vorzusehen und darauf zu achten, daß die Platten satt aufliegen. Zuviel Material kann entfernt werden.

Sind die Schichten des Unterbaus fertig, sollten wir sie nicht mehr betreten oder zum Beispiel mit Schubkarren befahren, ohne Bretter unterzulegen. Das Material verdichtet sonst ungleichmäßig, und später kann es zur unerwünschten Bildung von Pfützen kommen.

Kantensteine als Begrenzung können wir uns sparen. Der Übergang zur Vegetationsfläche wirkt viel harmonischer, variabler und natürlicher ohne die starre Begrenzung der Leistensteine. Bei richtiger Verlegung liegen größere Platten durch ihr Eigengewicht sicher und fest. Haben wir einen kleinformatigen Belag gewählt, wird der Rand mit einem schrägen Betonkeil gesichert, der mit Humus überdeckt wird und in der Vegetation verschwindet.

Wassergebundene Decke

Aus alten Parkanlagen und von manchen Spazierwegen kennen wir Flächen, bei denen der Kies unter den Sohlen knirscht. Sie sind elastisch und trittsicher und werden heute wieder häufiger gebaut, nicht nur in der freien Landschaft. Auf Gartenschauen, Friedhöfen und zum Teil auch auf Schulhöfen im ländlichen Raum kann man diese Entwicklung feststellen. Die Flächen sind wasserdurchlässig, die Herstellung technisch unkompliziert und billig. Dieses Verfahren eignet sich besonders für naturnahe Gärten; vor allem Wege, aber auch Sitzplätze können damit befestigt werden. Oft verbleibt nach einem Hausbau nur noch wenig Geld in der Kasse. Man verlegt dann manches Mal einen ganz billigen Betonstein mit dem Vorhaben, ihn nach einigen Jahren durch schöneres Material zu ersetzen. Erfahrungsgemäß bleibt aber der einfache Belag liegen, man scheut letztlich doch die doppelten Kosten. Eine wassergebundene Decke wäre in solchen Fällen eine gute Übergangslösung.

Die Flächen können ohne akkurate Begrenzung hergestellt werden, wachsen dann allerdings vom Rand her schneller zu. Das kann sehr hübsch wirken, die Terrasse oder der Sitzplatz fügen sich ganz selbstverständlich in die Vegetation, zum Beispiel in Rasenflächen, ein. Wird das benachbarte Gelände häufig bearbeitet, beispielsweise wenn es sich um Stauden- oder Rosenbeete handelt, ist eine stabile Randbegrenzung in diesem Bereich sinnvoll. Früher verwendete man dazu Bandeisen. Sie wurden mit Dornen im Erdreich verankert und waren später nicht mehr sichtbar. Heute werden häufig ein- oder zweizeilige Bänder aus Naturstein- oder Beton-Pflastersteinen eingebaut.

Hat man sich für den festen Rand entschieden, müssen wir mit diesen Arbeiten beginnen. Die Pflastersteine werden in ein Betonfundament versetzt. Eine unnötige Verbreiterung des Betonkeils kann man durch ein seitlich gestelltes Brett vermeiden. Die Pflastersteine werden so eingebaut, daß die Oberkante bündig mit der späteren Wegedecke und dem angrenzendem Gelände abschließt. Auf die frostsichere Tragschicht (siehe Seite 21 f. Kiesunterbau) kommt feines, bindiges Material. Je nach Gegend wird man Kalkstein, Quetschsand, Ziegelsplitt, Haldenasche oder ähnliches verwenden. Das Material wird in Schichten unter Zusatz von Wasser aufgebracht und gewalzt. Durch das Wasser verkleben die bindigen Gesteins-

Varianten der wassergebundenen Decke. Auf ein ausreichendes Gefälle ist zu achten.

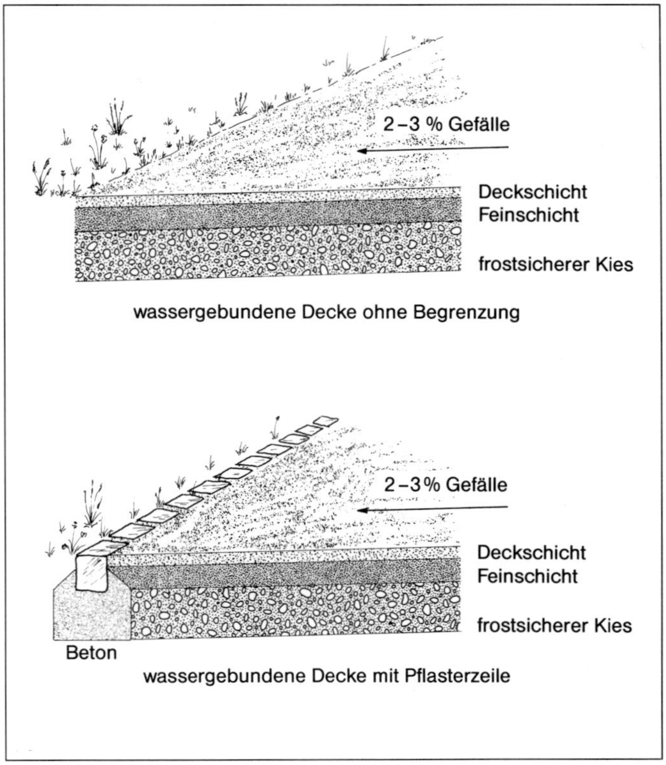

Polygonale Porphyrplatten mit breiten Rasenfugen markieren den Weg.

teile und es entsteht eine homogene Schicht. Zuletzt wird Feinkies, Splitt oder ähnliches aufgestreut und nochmals gewalzt.

Die Nachteile dieser Einbautechnik darf man nicht verschweigen. Bei starken Regengüssen kann etwas Material ausgeschwemmt werden. Diese Schäden lassen sich aber leicht ausbessern, wenn wir etwas Material als Reserve aufbewahren. Für passionierte »Saubermänner« ist dieser Belag allerdings nicht geeignet. Unkraut kann wachsen und sollte nicht mit der chemischen Keule bekämpft, sondern abgehackt werden.

Platten

Naturstein-Platten

Man unterscheidet grundsätzlich zwischen Hart- und Weichgesteinen. Preisbestimmend sind Qualität, Transport- und Bearbeitungskosten. Zu den Hartgesteinen gehören beispielsweise Basalt, Diabas, Granit, Gneis, Gabbro, Porphyr und Quarzit. Durch ihre Härte sind sie meist recht schwer zu bearbeiten. Die üblichen Plattenstärken liegen zwischen 3 und 5 cm. Weichgesteine sind aus Ablagerungen entstandene Kalk- oder Sandsteine wie Muschelkalk, Dolomit, Sandsteine und Kalkschiefer, zum Beispiel die in Solnhofen gebrochenen Platten. Sie sind leider nicht frostbeständig und können nur bei überdachten Terrassen verwendet werden. Weichgestein ist besser zu bearbeiten. Es bricht leichter, deshalb sollte die Plattenstärke bei Verlegung in Splitt etwa 4 bis 6 cm betragen.

Die unterschiedlichsten Farbtöne stehen uns zur Verfügung. Auch die einzelnen Gesteinsarten variieren je nach Fundort und Steinbruch. Man sollte sich vor einer endgültigen Entscheidung fertig verlegte Flächen zeigen lassen. Einzelne Musterplatten vermitteln keine Vorstellung vom Aussehen des Belages. Durch diesen Zeitaufwand erspart man sich Enttäuschungen. Im Gegensatz zur maschinell hergestellten Betonplatte wird man aber nie ganz genau gleiche Farbtöne erhalten. Darin liegt aber gerade der Reiz des Natursteins, mit dem man einen sehr lebendigen Belag erhält.

Am natürlichen Standort liegen manche Gesteine im Steinbruch in plattiger Form. So wie sie dort lagern, werden sie entnommen, das erklärt die unterschiedlichen Stärken der Natursteinplatten. Sie werden entweder in ihrer unregelmäßigen Form belassen oder winkelrecht bearbeitet. Dabei werden die Ränder entweder behauen, das heißt unregelmäßig bekantet, oder gesägt. Alle Beläge sollten so eng wie möglich aneinander stoßen, die Fugen so schmal wie möglich sein. Diese enge Verfugung wird auch »Knirschfuge« genannt, weil ein in die Fuge gestoßenes Messer bei Berührung der aneinanderliegenden Platten knirschen sollte.

Großformatige, unregelmäßige Platten kann man ganz bewußt mit breiten Fugen verlegen. In die Fugen sät man entweder Gras ein, eine kurzbleibende Rasenmischung wie sie für »Formsteine« (Rasengittersteine) verwendet wird, oder pflanzt Sternmoos *(Sagina subulata)*. Es bildet ganz flache Polster, die gut trittverträglich sind.

Die Industrie bringt immer wieder brauchbare neue Dinge auf den Markt. Es gibt jetzt einen Pflastermörtel aus Epoxidharz, mit dem man auch auf Kies verlegte Platten dicht verfugen kann. Es entsteht kein Zementschleier, den man oft von

Natursteinfugen wurden in die Pflanzung regelrecht eingebettet.

Natursteinen sehr mühsam entfernen muß, außerdem ist das Material im Gegensatz zu Zementmörtel elastisch, so daß nach Wasser- und Frosteinwirkung keine Fuge aufbricht. Die Verarbeitung ist einfach. Das im Zwangsmischer eingebrachte Pulver wird mit Komponenten und Wasser durchgemischt, mit einem Gummischieber auf die Fläche aufgebracht und in die Fugen eingearbeitet. Erhältlich ist es in den Farben neutral, betongrau und basaltgrau. So kann »Frau Saubermann« die Terrasse nach Herzenslust fegen, ohne befürchten zu müssen, daß der Sand aus den Fugen gekehrt wird.

Der große Nachteil ist allerdings, daß das Wasser durch die Verfugung hindurch nicht mehr vollständig versickern kann, was aber eigentlich mit einer Verlegung auf Kiesunterbau bezweckt werden soll.

Damit Tisch und Stühle nicht ständig wackeln, sollte man für den Bodenbelag ein Material mit möglichst ebener Oberfläche wählen. Geschliffene Platten allerdings werden bei Regen schnell rutschig und dadurch unfallträchtig. Eine griffige Oberfläche ist in jedem Fall vorzuziehen. Sehr helle Platten können bei starkem Sonnenschein blenden, auch daran ist bei der Auswahl zu denken.

Betonstein-Platten

Die Betonindustrie bietet die verschiedensten Betonplatten an. Sie sind viel preiswerter als Natursteinplatten, haben gute statische Eigenschaften und lassen sich durch die exakten Maße leicht verlegen. Beton kann in viele Formen gepreßt und gegossen werden, deshalb kommen immer wieder neue Arten und Formen auf den Markt. Auf »nachempfundene« Natursteinmuster sollten wir verzichten. Entweder Kunststein – und dann darf man das ruhig sehen – oder Naturstein. Akzeptabel sind Betonplatten mit »Hartsteinvorsatz«, das heißt auf die Oberfläche wird eine Schicht aus gemahlenem natürlichen Gestein aufgepreßt. Die Platten bekommen dadurch eine griffige Oberfläche und sind, entsprechend dem jeweils verwendeten Material, verschieden gefärbt.

Verschiedenfarbige Steine lassen das Pflaster lebendiger erscheinen.

Die üblichen Maße betragen 40 × 40 cm, 50 × 50 cm, 40 × 60 cm, 40 × 80 cm, die Stärke liegt bei 5 cm. Mit entsprechenden Schneidmaschinen kann man Betonplatten gut teilen.

Pflasterstein-Strukturplatten sollen wie echtes Natursteinpflaster aussehen, sind aber nur Abgüsse, denen die lebhafte Struktur fehlt. Über solche »Vortäuschung falscher Tatsachen« weichen die Ansichten sicher voneinander ab. Ehrlicher sind gewiß Platten ohne solche etwas fragwürdigen Lösungen, die die Betonindustrie auf der Suche nach neuen Kunden auf den Markt bringt. Altbewährtes muß nicht immer schlecht sein und Schlichtheit wirkt immer nobler als modischer Schnickschnack, an dem man sich nach kurzer Zeit sattgesehen hat. Waschbeton-Platten sind immer noch gut zu verwenden. Ihre Oberfläche aus farblich unterschiedlichen Kies fügt sich gut in den Garten ein.

Als Kompromiß bietet sich eine Kombination von Kunststeinplatten mit Naturstein oder Klinker an. Eintönige Betonflächen werden damit gegliedert und aufgelockert. Die Kontrastwirkung der verschiedenen Materialien kann reizvoll sein, und die Kosten sind auch für die schmale Kasse erschwinglich.

Pflaster

Natursteinpflaster hat eine jahrtausendealte Tradition. Ägypter, Griechen und Römer bauten damit ihre Straßen. Pflaster galt als Zeichen des Wohlstandes, und man war stolz auf die damit ausgedrückte technische Leistung. In Pompeji fügte man helle Marmorstücke ins Straßenpflaster ein, die nachts das Fackellicht reflektierten.

In den letzten Jahren gewann das Pflaster auch im Hausgarten immer größere Bedeutung. Schließlich bringt es viele Vorteile, weil das Oberflächenwasser gut versickern kann, die Steine zu jeder Jahreszeit griffig sind und die Haltbarkeit unbegrenzt ist.

Bei gepflasterten Sitzplätzen und Terrassen wird man manchmal gezwungen sein, die Möbel etwas hin- und herzurükken, damit sie sicher stehen. Wer Pflaster liebt, wird aber diesen kleinen Mangel in Kauf nehmen.

Man unterscheidet nach Steingrößen:

Mosaikpflaster	3 bis 7 cm
Kleinpflaster	bis 10 cm
Mittelpflaster	10 bis 12 cm
Großpflaster	12 bis 16 cm

Im Hausgarten wird Kleinpflaster am häufigsten verwendet. Es hat sich besonders zum Auszwickeln von Restflächen bei Plattenbelägen, im Umkreis von Schächten und zur Gliederung bewährt. Mosaiksteine liegen wegen ihres kleinen Formates ohne Mörtel nicht fest und werden dann leicht ausgewaschen. Natursteinpflaster bietet immer ein sehr ansprechendes Bild.

Betonpflaster

Vielfältig in Form und Farbe sind die angebotenen Betonsteine. Ursprünglich waren sie vornehmlich für die Straßenbefestigung gedacht, als haltbarer Ersatz für Asphalt oder teuren Naturstein. Das gilt besonders für die »Verbundsteine«, die sich durch ihre Form ineinander verkeilen. Was sich aber für Fabrikhöfe und Zufahrten noch eignet, paßt nur schlecht zum Wohnbereich.

Es gibt jedoch viele gute Alternativen, so daß man für Terrasse und Wegeflächen das passende Material finden wird. Auch hier ist es wichtig, sich vor dem Kauf größere Flächen mit dem in Frage kommenden Pflastertyp anzuschauen. Nur so können wir die für uns richtige Entscheidung treffen. Betonpflaster ist preiswert, rutschfest und problemlos zu verlegen. Quadratische oder rechteckige Formen sollte man zu unruhigen und zu bunten Mustern vorziehen. Die Bepflanzung sowie die Möblierung, zusammen mit bunten Sitzkissen und Gartenschirmen, bringen genug Abwechslung auf die Terrasse. Der Belag sollte deshalb eher ruhig und zurückhaltend wirken.

Bei farbigem Betonpflaster sollte man auf durchgefärbte Steine achten. Besonders die mit eisenoxidhaltigen Farben hergestellten Steine in rötlichen Spielarten eignen sich gut. Die Tönungen changieren ähnlich wie bei manchen Klinkern und ergeben einen sehr lebendigen Belag. Entnehmen muß man die Steine, die auf Paletten angeliefert werden, nicht lageweise, sondern senkrecht. Dadurch werden die Farbtöne gut gemischt. Die so gefärbten Steine setzen, im Gegensatz zu älteren farbigen Betonplatten, im Laufe der Zeit etwas Patina an und sehen dann schöner aus als neu verlegt. Der manchmal vorhandene weißliche Betonschleier auf der Oberfläche verschwindet nach einiger Zeit. Das »Buntpflaster« bedeutet einen sehr brauchbaren Ersatz für Klinker mit den bereits erwähnten guten Eigenschaften des Betons. Die gebräuchlichen Formate sind rechteckig oder quadratisch. Zum Teil werden sie in unterschiedlichen Stärken angeboten, so daß man Fahrflächen mit stärkeren Steinen, Gehwege und Sitzplätze mit dünneren pflastern kann. Das Gesamtbild des Gartens wirkt dadurch großzügiger und ruhiger als bei Verwendung zu viel verschiedener Materialien. Abwechslung kann auch die Verlegeart bringen, wenn man sich nicht für ein Format entscheidet, zum Beispiel wählt man auf Terrassen das Quadrat, auf den Wegen das Rechteck. Auch die Verlegung des gleichen Steins in verschiedenen Mustern wäre eine Alternative. Buntpflaster eignet sich auch zur Auflokkerung von Plattenflächen.

Ein Pflaster mit Rasenfugen wirkt »befestigt«, aber nicht »versiegelt.«

Es gibt zahlreiche Produkte mit klangvollen Namen: »Tegula«, »Via Antiqua«, »Siena« und andere.

Die Hersteller wollen damit die Verbindung zu alten Pflastertraditionen herstellen. Die strukturierte Oberfläche und unregelmäßige, bewußt gebrochene Kanten sollen beim neuen Belag schon »Benutzungsspuren« zeigen. Der Trend zum naturnahen Garten hat sicher zur Entwicklung dieser Steine beigetragen. Einzelne Produkte werden in verschiedenen Steingrößen angeboten, so daß eine gemischte Verlegung möglich ist. Alle diese Pflasterarten sollten mit 6 bis 8 mm breiten Fugen verlegt werden, damit sich die unregelmäßigen Ecken und Kanten nicht berühren und bei Temperaturschwankungen genügend Spielraum haben.

Klinker

Pflasterklinker sind bis zur Frostsicherheit gebrannte Ziegel. In den Niederlanden und in Norddeutschland werden sie schon lange als Wegebelag verwendet; im Süden der Bundesrepublik Deutschland konnte man sie jahrelang nur schwer bekommen. Landschaftsfremd wirken sie trotzdem nicht, denn um alte Kirchen und Bauernhäuser oder auf den Gehwegen al-

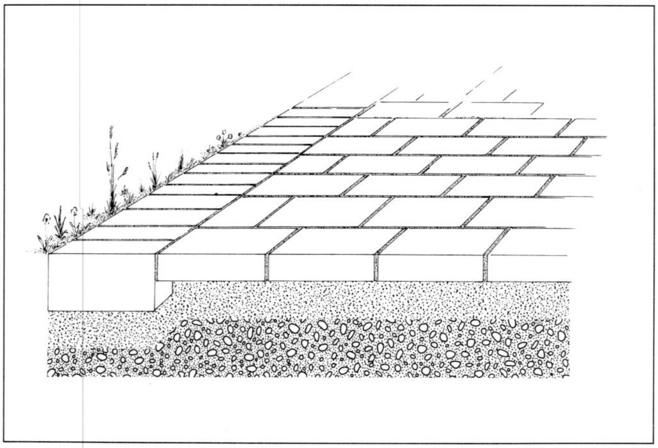

Klinker- oder Betonpflaster mit Rollschicht als Kante.

ter Städte konnte und kann man Pflasterklinker heute noch finden, meist mit Rillen oder Kuppen zur Erhöhung der Rutschfestigkeit. Auch diese alten Formen werden heute wieder hergestellt. Gebräuchlich sind das Backsteinformat und quadratische Steine in verschiedenen Größen und Stärken. Durch das Brennen des Tons bei großer Hitze entstehen die verschiedenen natürlichen Farben: Rot, Braunrot oder Blaubunt, einfarbig oder geflammt. Zum Grün des Gartens passen diese zurückhaltenden, warmen Farben gut.

Manchmal bildet sich ein Grauschleier auf Klinkerflächen. Diese »Ausblühungen« bedeuten keinen Fabrikationsfehler, sondern sind auf unsachgemäße Verlegearbeiten zurückzuführen. Sie entstehen durch das Zusammenwirken von Feuchtigkeit und Salzen. Für das Pflasterbett und die Fugen darf nur sauberer Sand verwendet werden. Bei ungeeignetem Material gelangen darin enthaltene Salze durch die im Boden vorhandene Feuchtigkeit an die Oberfläche und bilden dort einen milchig-weißen Belag. Wollen wir selbst pflastern, müssen wir uns gewissenhaft an die Verlegehinweise der Herstellerfirmen halten, die man kostenlos bekommt. Die Fugen stellen bei Klinkerbelägen ein wesentliches gestalterisches Element dar, auf das nicht verzichtet werden sollte. Klinker können in verschiedenen Mustern verlegt oder mit Kleinpflaster kombiniert werden.

Holzbeläge

Durch die Imprägnierung des Holzes im Kesseldruckverfahren (das heißt unter hohem Druck wird das Imprägniermittel in das Holz gepreßt) wurde die Haltbarkeit enorm verbessert. So ergeben sich vielfältige Anwendungsmöglichkeiten im Außenbereich. Auch für Sitzplätze gibt es verschiedene Möglichkeiten, mit Holz attraktive und schöne Beläge zu gestalten.

Holzbeläge oder Decks können aus Einzelelementen bestehen. Auch ein nachträglicher Einbau auf ebenen Betonflächen ist möglich. Holzdecks bieten einige Vorteile: Sie werden nie zu heiß oder fußkalt, trocknen nach Regenschauern schnell ab und sind gut sauber zu halten, weil Sand und Schmutz durch die Fugen fallen.

Folgende Nachteile sind zu berücksichtigen: In Gegenden mit hohen Niederschlagsmengen können Holzdecks rutschig werden, kleine Gegenstände, die durch die Ritzen fallen, lassen sich manchmal schwer wieder herausholen. Die Industrie bietet Einzelelemente in quadratischen Platten (Paneele) und in verschiedenen Größen an. Man kann sie schachbrettartig oder mit fortlaufenden Fugen verlegen. Bei Gebäuden in Hanglage kann die Terrasse freitragend ausgeführt werden, man erspart sich dadurch kostspielige Mauern und Aufschüttungen. Auch für Dachgärten eignen sich Holzbeläge sehr gut. Sie sind einfach zu transportieren und viel leichter als Steinplatten. Das ist wegen der Belastbarkeit eines Daches besonders bei späterem Einbau eines Sitzplatzes oft von Bedeutung.

Paneele sollten nicht unmittelbar auf dem Erdboden aufliegen, wichtig ist auch ein guter Wasserabzug des Untergrundes. Meistens werden Holzpaneele mit etwa 5 cm Bodenabstand auf Kanthölzer (Tramlage) verlegt, damit die Luft gut zirkulieren kann. Sehr gut imprägnierte Harthölzer werden auch direkt auf Splitt oder Kies eingebaut. Bei dieser Art der Verlegung ist naturgemäß auf eine gute Entwässerung besonders zu achten.

Links: Eine individuelle Lösung. Eisenbahnschwellen wurden mit Natursteinpflaster kombiniert.

Rechts: Rundholzpflaster kann die Standfestigkeit der Gartenmöbel beeinträchtigen.

Holzpflaster

Rundholzpflaster besteht aus unterschiedlich großen, runden Holzabschnitten, die wie Steinpflaster in Sand oder Splitt eingebaut werden. Die Zwischenräume, die sich zwangsläufig ergeben, sind im Vergleich zu anderem Material groß und liegen häufig etwas tiefer als die Oberfläche des Holzes. Für Sitzplätze, besonders für Terrassen am Haus, ist Rundholzpflaster nicht empfehlenswert; es wird immer Probleme mit der Standfestigkeit der Möbel geben.

Kantholzpflaster sind rechteckige Holzklötze mit geraden Kanten, 8 bis 10 cm breit, 12 bis 20 cm lang und 8 bis 10 cm hoch. Sie sind besser begehbar als Rundhölzer, weil sie mit engen Fugen verlegt werden können, und eignen sich daher für Terrassen. Etwas unregelmäßigere Kanten haben zersägte Eisenbahnschwellen, die dadurch rustikaler wirken als Holzpflaster aus exakt gesägten Balken. Allerdings entspricht es nicht jedermanns Geschmack, diese schwerölgetränkten Hölzer zu verwenden. Besonders wenn Kinder die Fläche zum Spielen benutzen, sind sie nicht zu empfehlen.

Rasen

Selbstverständlich kann man auch auf Rasenflächen Stühle, Tische und Liegestühle stellen. Zur ständigen Benutzung eignet sich die Grasfläche aber nicht. Nach Regenfällen ist sie oft so weich, daß Stuhlbeine unweigerlich einsinken. Der Rasen selbst wird stark strapaziert und die Grasnarbe verdichtet an oft benutzten Stellen; das Gras vergilbt und erholt sich schlecht.

Schotterrasen ist eine Möglichkeit, befestigten Untergrund und Rasenfläche miteinander zu vereinbaren. Auf die Tragschicht (siehe Seite 21 f.) aus Kies oder Schotter schlämmt man ein Gemisch aus Natursand (Korndurchmesser 0 bis 2 mm), Splitt (Korngröße 35 bis 55 mm) und Schotter (Korngröße 45 bis 65 mm) ein. Diese etwa 7 cm starke Decke wird mit einer Rasenmischung für Magerstandorte eingesät und anschließend gewalzt. Die in diesen Grasmischungen enthaltenen Arten sind trittfest und bleiben niedrig. Falls der Rasen doch zu hoch wächst, mäht man sie mit dem Rasenmäher ab.

Verlegearten bei Platten

Unregelmäßiger (polygonaler) Verband

So wie sie im Steinbruch anfallen, werden die Platten geliefert. Sie unterscheiden sich hinsichtlich Stärke, Größe und Form. Einen festliegenden, großzügigen Belag erhalten wir nur, wenn wir eine Mindest-

Auch polygonale Natursteinplatten müssen mit gleichmäßiger Fugenbreite und möglichst mit »Knirschfuge« verlegt werden.

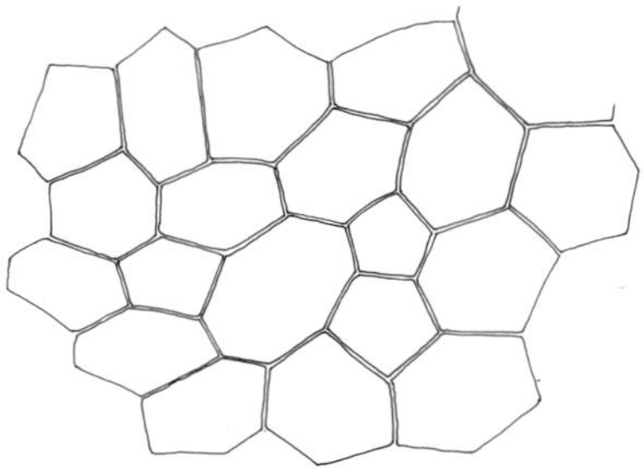

polygonale Natursteinplatten

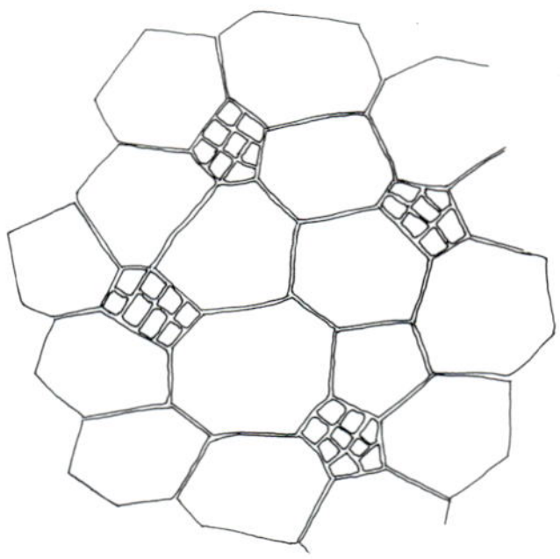

polygonale Natursteinplatten mit Pflaster

größe der Platten berücksichtigen und keine »Scherben« verwenden. Die kleinsten Platten sollten mindestens eine Fläche von $0{,}10\ m^2$ haben, das entspricht einer Größe von etwa 30 × 35 cm. Ein gut und fachgerecht verlegter polygonaler Natursteinplattenbelag kostet wegen des größeren Materialbedarfs und des erhöhten Zeitaufwandes meistens genausoviel wie eine Fläche aus regelmäßigen Steinen, obwohl die unbehauenen Platten im Einkauf billiger sind. Es fallen Abfallplatten an, der sogenannte »Verschlag«, das sind zu kleine oder zu dünne Platten. Man rechnet mit einem um ein Drittel erhöhten Bedarf als man für die endgültige Fläche braucht.

Einige grundsätzliche Regeln sollte man bei der Verlegung beachten: Mehr als drei Platten dürfen nicht an einem Punkt zusammentreffen; zu spitze und zu stumpfe Winkel wirken nicht schön, mittelgroße sind am besten. Ganz ohne Korrektur der einzelnen Platten kommt man bei einer guten Verlegung nicht aus. Besonders bei Hartgesteinen wird man spezielles Werkzeug benötigen. Unter den vorhandenen Platten muß man schon nach der jeweils passenden etwas suchen und nicht nur wahllos vom Stapel entnehmen und verlegen. Das erfordert Zeit und ein gutes Augenmaß.

Schön verlegte polygonale Porphyrplatten. Keine Fuge ist weiter als 2 cm.

Regelmäßige Verbände

Die Verlegung in Bahnen ist eine für Naturstein- und Betonplatten gut geeignete Verarbeitungstechnik, die häufig angewendet wird. Auch Heimwerker haben damit wenig Probleme. Platten gleicher Breite werden dabei mit einer durchgehenden Längsfuge und wechselnden Stoßfugen verlegt. Die einzelnen Bänder können in der Breite wechseln, die möglichst engen Fugen sollten alle gleich breit sein. Der Kreuzverband wird besonders bei quadratischen Platten bevorzugt. Dabei kreuzen sich alle Fugen. Bei dieser Verlegeart muß besonders genau gearbeitet werden, damit die Fugen schnurgerade verlaufen.

Unter Römischem Verband versteht man ein Verlegemuster mit rechtwinkeligen Platten in unterschiedlichen Größen. Es wird so verlegt, daß keine Kreuzfugen entstehen. Durchlaufende Fugen sollten 2 m Länge nicht überschreiten. Die Platten werden längs und quer eingebaut. Auf gleichmäßige Fugenbreite ist auch hier zu achten.

Raster sind miteinander kombinierte Materialien, die, meist in regelmäßiger Anordnung, eine Fläche gliedern. Eine Steinart sollte dominieren, sonst wirkt der Belag zu unruhig.

Verlegearten bei Pflaster

Natursteinpflaster verlegen ist eine Kunst und mit erheblichen Mühen verbunden. Stein für Stein wird in Sand eingebaut, die Unregelmäßigkeiten müssen ausgeglichen und die Fugenbreite eingehalten werden. Ornamente, Kreise und Segmentbögen können als Muster gewählt werden, einfarbig oder farblich abgesetzt. Im Gegensatz zu den regelmäßigen Plattenformaten ist man nicht an rechtwinkelige Formen gebunden, der Sitzplatz kann auch kreisrund angelegt werden. Hübsch und zugleich zweckmäßig kann eine Begrenzung kleinformatiger Pflastersteine durch eine seitliche Begrenzung aus einer Zeile Großpflastersteine sein. (Siehe auch Seite 23 und 26.)

Großpflaster kann auch mit 2 bis 3 cm breiten Fugen verlegt werden, die man mit Humus verfüllt und in die man Gras einsät. Kleinere Steine eignen sich für dieses »Rasenpflaster« nicht, weil sie schnell überwachsen werden und dann kaum mehr zu sehen sind.

Klinker gibt es auch als Pflasterwürfel. So kann man auch bei Klinkerbelägen abwechseln, ohne das Material ändern zu müssen.

Die Verlegung von Betonpflaster hängt vom Format der einzelnen Steine ab. Bei einigen Fabrikaten sind Muster vorgegeben, andere lassen Spielraum für verschiedene Arten der Verlegung.

Holzpflaster aus rechteckigen Klötzen wird mit versetzten Fugen verlegt. Bei Rundholzpflaster ergibt sich das Muster durch die verschieden großen Durchmesser der Hölzer von selbst. Längsverlegte Schwellen kann man mit Natursteinpflaster gliedern.

quadratische und rechteckige Platten mit Pflaster

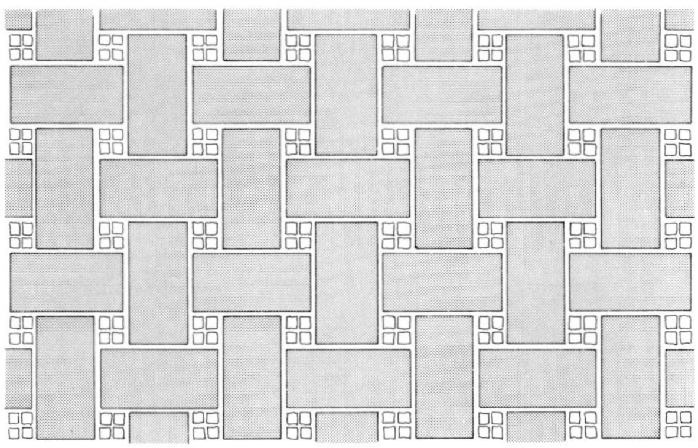

rechteckige Platten mit Pflaster

Beispiele für Verlegearten bei Pflaster.

Kombinierte Platten-Pflasterbeläge bieten viele Möglichkeiten. Wir können in den Plattenbelag Friese oder Bänder aus Pflaster einfügen, anstelle einzelner Platten die Flächen auspflastern oder Muster einbauen, die der Form der Terrasse oder des Sitzplatzes entsprechen. Der Phantasie bleibt viel Spielraum. Im Gegensatz zu öffentlichen Plätzen darf das Muster kein Eigenleben führen und muß der Gesamtgestaltung untergeordnet werden. Viele, auch gute Details ohne Bezug zueinander ergeben noch lange keine im Ganzen harmonische Lösung. Die »Kunst der Beschränkung« bringt wesentlich befriedigendere Ergebnisse.

Die Pflege einer befestigten Fläche

Wie hält man befestigte Sitzplätze sauber? Mit klarem Wasser, aus dem Gartenschlauch mit einigem Druck aufgespritzt, und mit hartem Besen bearbeitet, werden bei verschmutzten Flächen rasch wieder Struktur und Farbe des Belags zum Vorschein kommen. Auch grüne Algenbeläge, die sich manchmal nach Regenperioden bilden, werden auf diese Weise beseitigt, wenn man die Arbeiten bei Sonnenschein durchführt, damit die Fläche gut abtrocknen kann. Auf nassen Steinen vermehren sich Algen und Moose durch Sporen. Auf chemische Mittel sollten wir verzichten. Mit dem Wasser ablaufende Reinigungsmittel können die angrenzende Vegetation schädigen oder ins Grundwasser gelangen. Eine Stahlbürste ist umweltfreundlicher!

Besonders wirkungsvoll sind Wasser-Hochdruck-Geräte. Sie verbrauchen in der Minute nur 8,5 l Wasser, während durch den Gartenschlauch etwa 20 l pro Minute laufen. Diese Geräte kann man auch ausleihen.

Frostschäden

Die Temperatur einer Wasser-Salzmischung kann bis auf −21 °C absinken. Diese hohen Temperaturunterschiede und die Ausdehnung des Wassers beim Gefrieren um 9 Prozent seines Volumens haben große Sprengkraft. Viele Platten halten das nicht aus. Besonders Sand- und Kalksteinplatten können zerstört werden. Granit, Gneis, Porphyr und Beton sind unempfindlicher und dauerhafter, aber salzen sollten wir sie im Winter nur in dringenden Fällen und in geringen Mengen. Das Tausalz ist auch für die angrenzenden Pflanzflächen und das Grundwasser schädlich.

Um Unfälle zu vermeiden, müssen beschädigte Platten so rasch wie möglich im Frühjahr ausgetauscht werden.

Eine Pergola schafft Atmosphäre

Eine Pergola verbindet Gebautes mit Gewachsenem. Sie kann einen guten Übergang von den Wohnräumen zum Garten bilden oder einen Akzent setzen bei einem zweiten Sitzplatz auf dem Grundstück. Dicht bewachsen bietet sie Sicht- und Windschutz, sie spendet Schatten an heißen Sommertagen. Das grüne Dach vermittelt ein Gefühl von Geborgenheit.

Will man nicht nur von oben, sondern auch seitlich vor Einblicken geschützt sein, kann man zwischen die Pfosten der Pergola verschiedene Holzelemente einbauen. Sind sie zugewachsen, ergibt sich durch die bepflanzten Wände ein »grünes Zimmer« (siehe Seite 37 ff.).

Eine Pergola läßt sich auch nachträglich noch einbauen. Manchmal wird Bauland neu ausgewiesen oder ein bisher freies Grundstück bebaut, so daß neue Nachbarn den Garten einsehen. Mit einer Pergola wird man dieses Problem lösen und gleichzeitig eine Bereicherung des Gartens erreichen.

Die Konstruktion

Die Konstruktionsmöglichkeiten von Pergolen sind vielfältig. Individuelle Gestaltungsformen sind etwas in Vergessenheit geraten, seit die Industrie vorgefertigte Produkte anbietet. Preise vergleichen lohnt sich auch hier. Nicht immer ist der Schreiner teurer, und man bekommt von ihm eine Pergola nach Geschmack, nach Maß und passend zu Haus und Garten.

Die Begriffe

Eine Pergola besteht aus senkrechten Stützen, Pfeilern oder Pfosten, darauf liegen die Traghölzer, Pfetten oder Unterzüge meist in Längsrichtung. Sie bilden die Unterlage für die Auflagehölzer, Sparren oder Deckhölzer, die quer über die Pfetten montiert werden.

Das Material

Als Stützen können außer Holzpfosten auch Naturstein-Monolithe, Stahlrohre oder gemauerte Pfeiler dienen. Was das Baumaterial Holz betrifft, finden Kant- oder Rundholz Verwendung, für Pfosten und Oberkonstruktion sollte man bei einem Querschnitt bleiben. Es gibt auch vorgefertigte Betonelemente für Stützen und Auflagen. Wichtig ist, daß die Proportionen stimmen und die Pergola dem Stil des Hauses entspricht. Zu einem im Landhausstil gebauten Haus paßt eine Holzkonstruktion, bei einem modernen Flachdach-Bungalow wird man sich vielleicht für eine sachlich und kühl wirkende Stahlrohr-Konstruktion entscheiden.

Maße

Auch für den Bau einer Pergola gibt es Faustregeln: Der Abstand zwischen den Pfosten sollte etwa 3,0 m, die Distanz von Boden bis Unterkante 2,3 m betragen. Anfangs erscheint dieses Maß recht hoch, aber die später herunterhängenden Triebe der Pflanzen sind dabei berücksichtigt. Auch das Verhältnis zwischen Breite und Höhe müssen wir bedenken. Eine breite Pergola darf nicht zu niedrig sein, sie wirkt sonst erdrückend. Bei einer zu hoch gebauten, schmalen Konstruktion geht die Beziehung zwischen dem bewachsenen Dach und den daruntersitzenden Menschen verloren. Die Stärke

Eine Pergola grenzt den Sitzplatz nach den Seiten ab und schafft eine etwas intimere Atmosphäre.

Kantholzpergola mit zwei verschiedenen Fundament-Ausführungen.

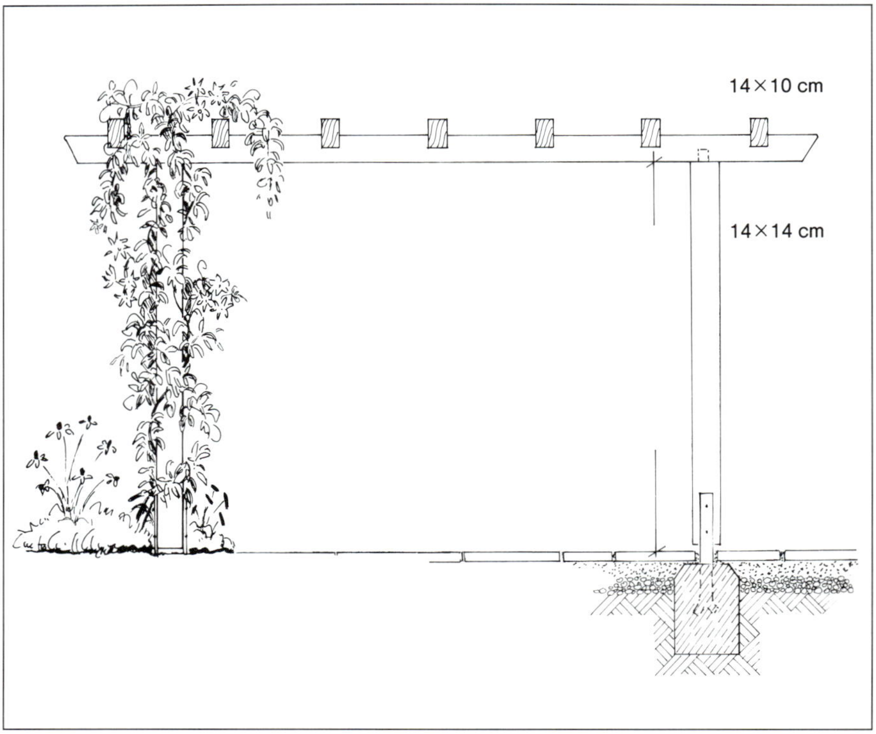

der Pfosten, Pfetten und Sparren müssen in einem guten Verhältnis zueinander stehen. Zu dünne Pfetten auf kräftigen Säulen wirken wie aufgelegte Streichhölzer, umgekehrt befürchtet man bei schwachen Pfosten und wuchtigen Pfetten, daß die Pergola zusammenbrechen könnte. Weil die Pfosten außer der Balkenlast später auch noch das Gewicht der Kletterpflanzen zu tragen haben, müssen sie stabil sein. Bei Holzstützen ist eine Stärke von 12 × 12 cm bis 16 × 16 cm empfehlenswert.

Befestigung

Holzteile sollten stets einige Zentimeter Abstand vom Boden haben, damit sie nicht faulen. Im Fundament werden Bandeisen einbetoniert, zwischen die man die Pfosten schraubt. Eine stabile und windsichere Konstruktion bekommt man, wenn die Stellung der Bandeisen von Pfosten zu Pfosten um 90 Grad gedreht wird.

Pfetten und Auflagehölzer

Wählt man schmale Deckhölzer, kann man aus der gleichen Holzstärke eine »Doppelpfette« anbringen. Dabei werden beidseitig an die Pfosten Bretter in der Stärke der Sparren angenagelt oder angeschraubt. Im allgemeinen verwendet man Pfetten in gleicher Stärke wie die Pfosten.

Auf die Unterzüge werden die Deckhölzer »aufgekämmt«. In der Stärke der Pfette werden in die Auflagehölzer Kerben gesägt und im gewünschten Abstand aufgenagelt. Die Pfetten dürfen nicht von oben eingekerbt werden, das sich hier unweigerlich sammelnde Wasser führt zu Fäulnis. Aus dem gleichen Grund empfiehlt es sich, die Enden von überstehenden Pfetten und Auflagehölzern nach unten schräg zuschneiden zu lassen.

Auch auf Mauern kann man Pergolen auflegen oder die Pfetten am Haus befestigen.

Auch eine **einholmige Pergola**, die den Blick nach oben freiläßt und zum Beispiel durch eingesetzte Flecht- oder Gitterwände vor seitlicher Einsicht schützt, kann einen Freisitz gemütlich machen. Dabei liegt auf den Pfosten eine einzige Pfette mit kurzen Querhölzern.

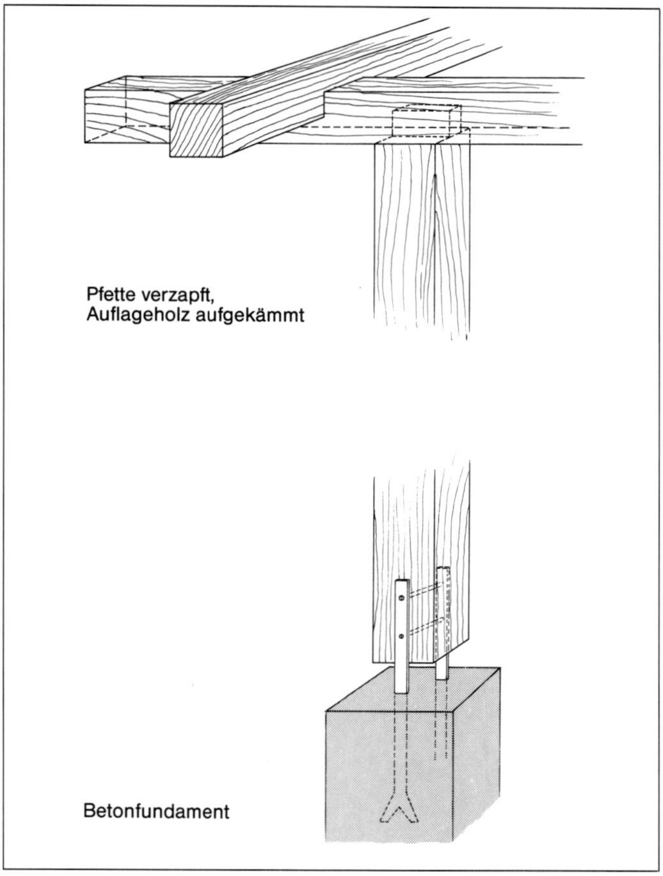

Details einer Kantholzpergola mit Betonfundament.

Abdeckung

Wer gleich eine schattenspendende Pergola haben möchte und nicht warten mag, bis die Pflanzen hochgewachsen sind, kann Schilfmatten aufnageln. Sie halten nicht sehr lange, sind aber preiswert.

Pflanzflächen

Steht die Pergola über einer befestigten Fläche, spart man an den Pfosten Pflanzflächen. Die Unterbrechungen des Platten- oder Pflasterbelages lockern angenehm auf.

Einrichtungen zum Schutz vor Wind, Sonne und neugierigen Blicken

Selbst das beste nachbarschaftliche Zusammenleben hat Grenzen. Niemand möchte auf seinem Sitzplatz den Blicken der Nachbarschaft ausgesetzt sein. Ohne ein Mindestmaß an Intimität wird uns der Aufenthalt auf der Terrasse verleidet. Außerdem braucht man Schutzwände auch, um den Platz vor Zugluft abzuschirmen.

Bei vielen Häusern wird sich das Problem gar nicht erst stellen. Durch die Architektur des Hauses (Winkelhaus, zurückgesetzte Fassade oder geschickt angebaute Garage) erhält man sicht- und windgeschützte Plätze. Bei einer dichten Bebauung, bei Reihen- und Doppelhäusern oder bei einem zur Straße hin orientierten Freisitz gibt es Schwierigkeiten, und man wird nach Möglichkeiten suchen, um den Sitzplatz gegen Wind und Einblicke abzuschirmen.

Schutzwände

Die Höhe von Sichtschutzmauer oder -zaun hängt von der jeweiligen Situation ab. Zu hoch sollten sie nicht sein. Will man nur im Sitzen nicht gesehen werden, genügt eine Höhe von 1,5 m, bei einer Höhe von 1,8 m bleiben auch stehende Menschen noch verdeckt.

Ist wenig Platz vorhanden, etwa bei Reihenhäusern, kann die Trennwand mit Einverständnis des Nachbarn auf die Grenze gesetzt werden. Oft teilen sich die Partner Kosten und Arbeit. Das Nachbarschaftsrecht ist bundesweit noch nicht einheitlich geregelt. Falls erforderlich, sollte man entsprechende Auskünfte einholen. Ist mehr Raum vorhanden, kann der gebaute Sichtschutz auch in eine Pflanzung eingebunden werden. Lichtverhältnisse und Kleinklima sind bei der Pflanzenauswahl zu berücksichtigen.

Hecke

Für einen gepflanzten Sichtschutz als geschnittene oder freiwachsende Hecke ist oft zu wenig Platz vorhanden, oder die Standortverhältnisse sind ungünstig, zum Beispiel unter einem Dach- oder Balkonüberstand. Ein gutes Gedeihen der Pflanzen ist dann nicht zu erwarten.

Mauern

Alle Mauern brauchen ein frostsicheres Fundament. Besonders schön, aber auch besonders teuer, sind Natursteinmauern, wenn sie zu Haus und Terrassenbelag passen. Einfache Ziegelmauern wirken sehr hübsch, wenn die Wand nicht verputzt, sondern nur geschlämmt wird, so daß die Struktur der Steine sichtbar bleibt. Klinkermauern sind wegen der warmen Farbtöne beliebt.

Glaswände

Trennwände können auch aus strukturiertem Glas bestehen. Ihr Vorteil beruht auf ihrer Lichtdurchlässigkeit, die manchmal für die Belichtung der Räume notwendig ist. Glaswände stellen immer mehr ein Element des Hauses als des Gartens dar. Die glatte Glasfläche läßt sich schwer beranken.

Holz

Hölzerne Wände passen gut in den Garten. Kesseldruckimprägniertes Holz hat eine lange Lebensdauer. Auch sind manche tropischen Hölzer durch ihre Härte unempfindlich gegenüber Pilzen und Schadinsekten wie etwa Bongossiholz aus Afrika. Denkt man allerdings an die ökologischen Folgen des Raubbaus in den tropischen Wäldern anderer Erdteile, wird man sich die Frage stellen müssen, ob eine heimische Holzart nicht sinnvoller ist und letztlich den gleichen Zweck erfüllt.

Die zunächst kahlen Holzwände kann man, bis Rankgewächse hochgeklettert sind, mit aufgehängten bepflanzten Kästen oder Ampeln schnell begrünen und gemütlich machen.

Palisaden

Unter Palisaden versteht man senkrecht gestellte und in den Boden eingelassene Hölzer. Um die Standfestigkeit zu gewährleisten, sollten sie genügend tief auf ein Kiesbett gestellt und mit einem Betonkeil eingebaut werden. Eine Lage Dachpappe als Feuchtigkeitsschutz gegen das Erdreich eingebracht wird die Lebensdauer verlängern, ebenso ein guter Wasserabzug durch Hinterfüllung mit Rollkies. Mit Palisaden kann man besonders gut Höhenabstufungen gestalten. Rund- und Kantholzpalisaden gibt es in verschiedenen Durchmessern und in jeder gewünschten Länge. Man sollte sie nicht selbst absägen, sondern die richtige Länge gleich bestellen, damit der Imprägnierungsschutz erhalten bleibt. Weil Rundholzpalisaden im städtischen Bereich in den letzten Jahrzehnten so vielfach verwendet wurden, bringen sie manchmal den Eindruck einer »öffentlichen Grünfläche« in den Hausgarten, besonders wenn der Durchmesser der einzelnen Palisade zu groß gewählt wurde und der Sichtschutz dadurch eher klobig als »rustikal« wirkt. Leichter und weniger plump sind Kantholzpalisaden mit rechteckigem oder quadratischem Querschnitt. Sie passen besser zum Gebäude und bilden einen guten Übergang zum Garten.

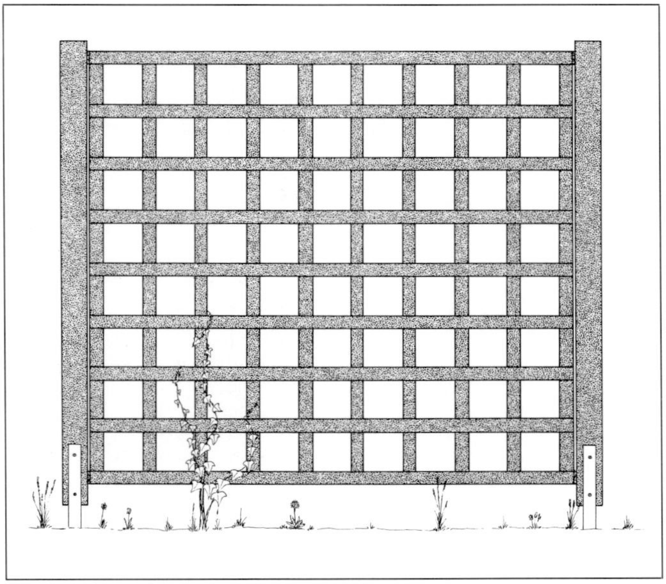

Kletterpflanzen haben eine Gitterwand schnell berankt.

Als »Kopie« der Holzpalisaden gibt es jetzt auch Bauteile aus Beton in ähnlichen Formen und verschiedenen Größen. Senkrecht gestellte Natursteinplatten nennt man Stelen.

Flechtwände

Wer ganz ohne »Durchblick« auf der Terrasse sitzen möchte, kann auch Flechtwand-Elemente aus Holz verwenden. Es gibt sie im Fachhandel in verschiedenen Größen. In einen Holzrahmen, in dem Stäbe oder Latten gespannt sind, werden Lamellen geflochten (ähnlich der Korbmacherei). Flechtwände schützen auch gut gegen Wind und sind sehr haltbar.

Gitterwände

Eigentlich sind Rankgitter Spaliere. Sie waren besonders in französischen Barockgärten verbreitet. Als »Treillage« sollte das Gitterwerk kunstvolle architektonische Formen vortäuschen. Sie wurden zu Bogengängen, Portalen oder Pavillons zusammengefügt. Als durchbrochene Wände waren diese Spaliergitter bei uns im 19. und 20. Jahrhundert bei Gartenlauben beliebt, dann lange Jahre

Rankgitter mit Pfeifenwinde *(Aristolochia macrophylla).*

verpönt, seit einiger Zeit aber sind sie wieder »modern«. Auch die Gartengestaltung unterliegt Modeströmungen. Sicher spielen die Reisen in fremde Länder dabei eine Rolle, man sieht andere Gestaltungsmöglichkeiten und überträgt sie in heimische Gärten. Die Industrie fördert solche Trends, indem sie zum Beispiel auch für Gitterwände vorgefertigte Teile auf den Markt bringt. Vorgestellt werden solche Produkte auf Gartenschauen und Messen, die Besucher erhalten Anregungen für die Verwendung im Hausgarten.

Als Sichtschutz und Rankhilfen bilden Gitterwände bei kleinen Grundstücken eine gute Möglichkeit, »Distanz« zu schaffen, auch wenn eine gewisse Transparenz bleibt. In Verbindung mit Pergolen lassen sich Gärten gliedern und abwechslungsreich gestalten.

Die Preisunterschiede ergeben sich aus den verschiedenen Holzarten. Es gibt Gitterwände aus tropischen Hölzern, aus einheimischen, naturbelassen oder unbehandelt zum Streichen mit Farben nach Wunsch. Auch einen Bausatz für einen Pavillon gibt es bereits zu kaufen.

Mobile Trennwände

Paravent

Als »Spanische Wand« wurde der Paravent früher in der Wohnung verwendet, um Zimmer zu gliedern oder intimere Räume zu schaffen. Meist war er mit dekorativen Stoffen bespannt. Der Paravent aus Metall dagegen diente als Ofenschirm zum Schutz vor zu großer Hitze. Es sind mehrteilige, durch Scharniere verbundene Elemente, die man zusammenklappen und nach Gebrauch platzsparend wegräumen kann.

Auf einer zur Straße hin gelegenen Terrasse will man sich vielleicht nur hin und wieder ungestört aufhalten können, den Blick vom Wohnraum in den Garten die meiste Zeit aber frei haben. Die Hecke an der Straße ist aber noch nicht hoch genug oder »von Amts wegen« auf eine bestimmte Höhe begrenzt. Mit der Aufstellung eines Paravents bei Bedarf ist das Problem gelöst.

Es gibt Stahlrohrgestelle, die mit Schilfmatten bespannt sind, Holzrahmen, die Flechtelemente enthalten, oder Markisenstoff und drei- oder vierflügelige Konstruktionen.

Oft laufen die Paravents auf Rollen, so daß man sie nicht schleppen muß. Ganz nach Wunsch kann man sie auch rechtwinklig über Eck stellen, um von zwei Seiten geschützt zu sein; sie dienen auch als Windschutz.

Wetterfestes Material ist wichtig, damit der Paravent im Freien bleiben kann und nach wenigen Handgriffen zur Verfügung steht.

Blumenkästen mit Rankgitter

In Verbindung mit größeren Blumenkästen aus Holz und bewachsen mit Efeu findet man Rankgitter manchmal vor Straßencafés und Gaststätten. Platzsparend werden damit Nischen für Tische und Stühle geschaffen oder die Nutzfläche vom Straßenbereich abgegrenzt. Diese bewachsenen Gitter schützen nur die Sitzenden vor Einblick, höhere Konstruktionen sind nicht windsicher. An den Rankwänden am Blumenkasten können auch viele einjährige Schling- und Rankpflanzen wachsen, zum Beispiel Feuerbohnen, Kapuzinerkresse, Winden oder Wicken. Diese Kästen könnten beispielsweise Glastrennwände platzsparend und mit einfachen Mitteln im Sommer verschönern.

Moos- und Torfwand

Für einen Pflanzenliebhaber, der keine Mühe scheut, kann eine Moos- und Torfwand einen vom Frühjahr bis zum Herbst blühenden Sicht- und Windschutz bilden. Doppelseitig bepflanzt kann sie auch als Raumteiler dienen. Größe und Länge sind beliebig, die Dicke muß mindestens 15 bis 25 cm betragen. Man verwendet dazu Gestelle, die auf beiden Seiten mit Drahtgeflecht überzogen sind. Dazwischen wird Moos oder Torfstreu – oder eine Mischung aus beidem – gestopft. Das Material muß vorher gut angefeuchtet werden und wird dann zwischen die Drahtgitterwände gedrückt. Dann werden durch das Drahtgeflecht hindurch die Jungpflanzen eingesetzt.

Einmal wöchentlich muß mit einer Nährlösung gegossen werden, sonst wird je nach Bedarf mit Wasser gesprengt.

Für eine Frühjahrsbepflanzung kann man Stiefmütterchen, Vergißmeinnicht, Goldlack, oder auch Tausendschön *(Bellis perennis)* verwenden.

Für die Sommerbepflanzung, die Mitte Mai erfolgen sollte, kannman alle einjährigen Pflanzen verwenden, die auch in Balkonkästen gedeihen.

Einige zuverlässige Dauerblüher für den Sommer

Name	Blütezeit (Monate)	Standort
Ageratum houstonianum, Leberbalsam	V–IX	Sonne
Begonia-Semperflorens-Hybriden, Begonie (niedrige Sorten) hübsch dazu: *Pilea microphylla*, Kanonierblume	V–IX	Sonne
Calceolaria integrifolia, Pantoffelblume	V–VIII	Sonne
Cuphea ignea, Zigarettenblümchen	V–IX	Sonne
Fuchsia-Hybriden, Fuchsie (hängende und niedrige Sorten)	V–IX	Sonne und Schatten
Godetia grandiflora, Atlasblume (niedrige Sorten)	VI–IX	
Helichrysum petiolare, Strohblume (silberblättrig)		Sonne
Lantana-Camara-Hybriden, Wandelröschen	VI–IX	Sonne
Heliotropium arborescens, Heliotrop	V–VIII	Sonne
Lobelia erinus, Lobelie (Rückschnitt nach der ersten Blüte günstig)	VI–IX	Sonne
Lobularia maritima, Duftsteinrich	VI–IX	Sonne
Mimulus-Hybriden, Gauklerblume	VI–IX	Sonne-Halbschatten
Pelargonium-Peltatum-Hybriden, Efeugeranien	VI–IX	Sonne
Pelargonium-Zonale-Hybriden, stehende Geranien (niedrige Sorten)	V–IX	Sonne
Petunia-Hybriden, Petunien	V–IX	Sonne
Pilea microphylla, Kanonierblume	–	Sonne-Halbschatten

Einige zuverlässige Dauerblüher für den Sommer

Name	Blütezeit (Monate)	Standort
Salvia splendens, Salbei (niedrige Sorten)	VI–VIII	Sonne
Santolina chamaecyparissis, Heiligenkraut (kann durch Schnitt niedrig gehalten werden)	–	Sonne
Tagetes-Patula-Hybriden, Sammetblume, Studentenblume	V–IX	Sonne
Tagetes tenuifolia, Sammetblume, Studentenblume	V–IX	Sonne
Thunbergia alata, Schwarzäugige Susanne, (schlingend)	VI–IX	Sonne
Tropaeolum-Hybriden, Kapuzinerkresse	VI–X	Sonne
Verbena-Hybriden, Verbene	VI–IX	Sonne

Einjährige Gräser

Briza maxima, Zittergras
Bromus briziformis, Trespe
Hordeum jubatum, Gerste
Lagurus ovatus, Hasenschwanzgras
Pennisetum villosum, Federborstengras

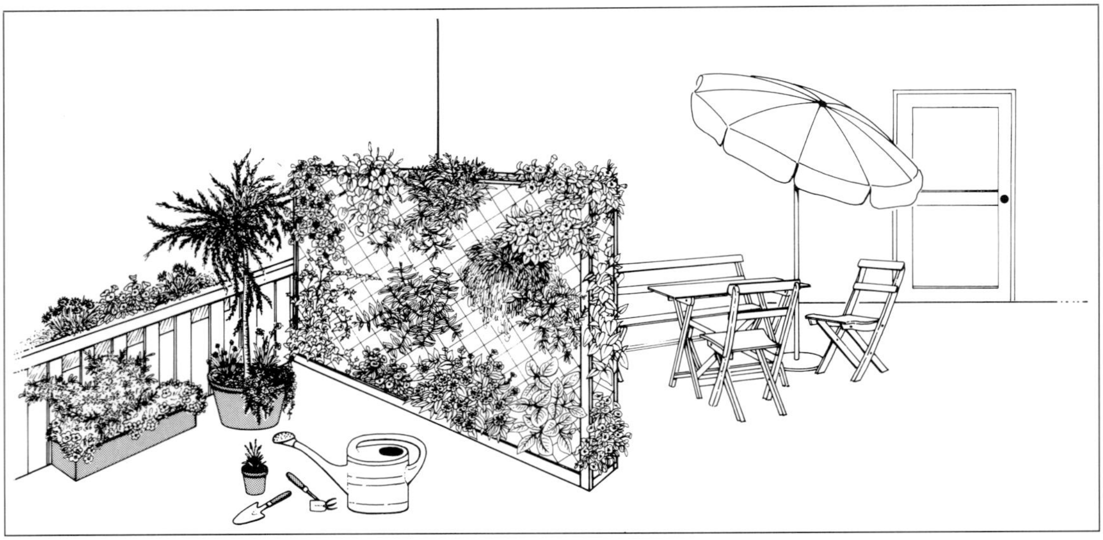

Eine Moos- und Torfwand bildet vom Frühjahr bis zum Herbst einen blühenden Sicht- und Windschutz.

Markisen und Sonnensegel

Markisen bieten Schutz gegen Sonne und leichten Regen, sie sind aber auch Gestaltungselemente und betonen oder korrigieren die Proportionen einer Fassade. Ein Haus kann durch eine Markise heiter aussehen. Maßgenau kann man sie montieren lassen, aus- und einfahrbar mit Motor- oder Handkurbel. Im Gegensatz zur Pergola ist es mit der Markise möglich, Sonne und Schatten nach Bedarf zu nutzen.

Der Markisenstoff sollte nicht zu bunt sein und zu Haus und Garten passen. Unruhige Muster »erschlagen« optisch die Pflanzen. Zurückhaltend wirken sandfarbene Stoffe, sie passen überall hin und geben auch ein angenehmes Licht.

Dekorativ und leicht selbst zu fertigen sind auch Raffrollos aus nicht zu festem Markisenstoff. Mit einer speziellen Ösenzange werden Löcher und Ösen in die umgenähten Seiten der Stoffbahnen gestanzt, durch die dann eine starke Schnur

Raffrollos sind eine pfiffige Idee. Je nach Bedarf läßt der hochgezogene oder heruntergelassene Rollo mehr oder weniger Sonne durch.

oder rostfreier Draht gefädelt wird. Am oberen Ende wird ein Rundholz durch eine genähte Lasche gezogen und an der Pergola oder dem Vordach befestigt. Für die seitliche Auflage kann man Drähte spannen und mit »Heringen« oder Holzpflöcken im Boden verankern.

Auch ohne Raffmöglichkeit bieten seitlich angebrachte Sonnensegel einen guten Schutz gegen Einblick und Luftzug im Sommer. Dafür werden keine Ösen gestanzt, sondern man näht nur am oberen und unteren Ende der Stoffbahn Laschen und zieht Holz- oder Metallstangen durch. Die obere Stange wird wieder an der Pergola, an einem Querbalken oder einem überstehenden Balkon befestigt. Die Stoffbahn wird gespannt und die untere Stange so stabil verankert, daß sie bei Wind einen guten Halt hat. Im Herbst sind diese Segel schnell abgebaut. Sonnensegel können auch als Dach auf einer Pergola angebracht werden, man sollte sie aber bei starkem Regen einrollen. Es gibt auch transportable Sonnensegel-Konstruktionen mit langen Metallstäben, ihre Aufstellung erfordert aber offenen Boden. Auf einer befestigten Fläche kann man sie nicht verankern.

Sonnenschirme

Sie bilden immer noch den einfachsten Sonnenschutz, den man nach Bedarf ver-

Markisen bieten nicht nur Sonnen-, sondern auch Regenschutz.

wenden kann. Es gibt sie in vielen Formen – rund, rechteckig, quadratisch, als Doppelschirm und in zahlreichen Größen, als Metallkonstruktion oder mit Holzmast und Ramiensprossen. Hübsch wirkt ein Schirm mit naturfarbenem Baumwoll-Segeltuch; es ist wasserabweisend und gegen Fäulnis imprägniert. Passend zur jeweiligen Schirmart gibt es Ständer.

Praktisch sind Gartentische mit einer entsprechenden Aussparung in der Mitte, durch die der Mast gesteckt und in der unter dem Tisch befindlichen Halterung befestigt wird. Der Ständer steht dann nicht im Weg herum und alle am Tisch sitzenden Personen erhalten gleichmäßig Schatten. Für große Schirme gibt es auch seitlich anknöpfbare Stoffbahnen, so daß man fast wie in einer Laube sitzt.

Die Möblierung

Ein wesentlicher Bestandteil eines Sitzplatzes ist die Möblierung. Von ihr hängt seine Nutzungsmöglichkeit weitgehend ab. Ein gut gewähltes Mobiliar kann viel zur Beliebtheit eines Sitzplatzes beitragen. Wichtig ist auch, ob man an einem Platz kürzer oder länger verweilen will. Für einen kurzen Aufenthalt genügt eine schlichte, einfache Sitzmöglichkeit, eine Bank ohne Lehne, ein Steinquader, eine Sitzmauer oder auch eine Stufe.

Je länger und häufiger eine Sitzgelegenheit genutzt wird, um so höher sind die Ansprüche an Bequemlichkeit, Qualität und Strapazierfähigkeit. Das gilt nicht nur für Sitzplätze in öffentlichen Anlagen, sondern auch für den privaten Bereich im Hausgarten. »Gute Gärten ohne gute Möbel hat es nie gegeben«, schrieb Leberecht Migge. Gartenmöbel müssen auch praktisch sein, sie sollten, wo es notwendig ist, leicht in ihrer Lage verändert werden können, um unterschiedlichen Bedürfnissen – zum Beispiel Sitzen in Sonne oder Schatten, viel Besuch oder wenig Besuch – gerecht werden. Da in der modernen Architektur die Übergänge von den Innenräumen zu den Freiflächen immer fließender geworden sind, können Klappstühle, die drinnen und draußen verwendet werden, eine gute Zusatzmöblierung bilden.

Befindet sich die Terrasse in der Nähe eines Gebäudes, sollte das Mobiliar in Stil, Form und Farbe auf das Haus abgestimmt sein. Moderne Stahlmöbel werden an einem alten Bauernhaus sicher artfremd wirken; hier wird man sich den schlichten bäuerlichen Formen anpassen. Ein Schreiner wird auch Möbel nach überlieferten Formen nachbauen können.

Die Farbgestaltung

In erster Linie werden wir für die Möblierung im Außenbereich dezente Farbtöne bevorzugen. In der Nähe eines Hauses können dem Gebäude zugeordnete kräftige Farben manchmal angebracht sein, ebenso auch im freien Gelände, wenn mit der Farbe ein Sitzplatz besonders akzentuiert werden soll. Möbel mit dezenten Farben lassen sich in jedem Fall besser integrieren. Sie werden eine farbenfrohe Pflanzung nie beeinträchtigen. Die berühmte englische Gartengestalterin Getrude Jekyll (1843 bis 1932) war der Meinung, daß weiß gestrichene Gartenmöbel zu aufdringlich seien und den Garten tyrannisieren würden. Leberecht Migge empfiehlt in seinem 1913 erschienenen Buch »Die Gartenkunst des 20. Jahrhunderts«: »Selbst wenn wir den weißen Anstrich unseres Gartenmöbels für viele Fälle mit Vorteil benutzen sollten, so ist doch auch hier eine Ablösung durch Grau oder Elfenbein für den Gesamteindruck, besonders für die praktische Benutzung, von Wert.«

Kleine Stilkunde der Gartenmöbel

Barockmöbel

Sie sind in unseren heutigen Gärten sicher fehl am Platz. In manchen historischen Gärten (zum Beispiel im Schloßpark von Schleißheim) finden wir noch weiß gestrichene Barockbänke aus Holz. In ihrer Vornehmheit entsprechen sie dem Stil der Umgebung und bieten obendrein einen guten Sitzkomfort. Optisch

Die Barockbank steht im Park von Schloß Schleißheim bei München.

geben sie hier besondere Akzente und wirken in den geometrischen Anlagen wie ein architektonisches Beiwerk.

Steinbänke

Auch Steinbänke wurden in historischen Gärten häufig aufgestellt. Sie waren oft phantasievoll gestaltet, verziert mit Tierköpfen, Pfoten, Krallen und Arabesken. In erster Linie hatten sie wohl eine dekorative Funktion, denn leider waren sie meist unbequem und zu kalt zum Sitzen. Die Steinmetzindustrie kopiert wieder viele dieser alten Formen in ganzen Serien. Von der mangelnden Bequemlichkeit einmal abgesehen, passen sie nicht in unsere Hausgärten. Wir leben heute im Wohngarten und nicht im repräsentativen Park. So passend diese Steinbänke dort der Zeit und dem Lebensstil entsprechend waren, so leicht geraten sie heute in die Nähe von Kitsch. Trotzdem kann eine einfache Steinbank ohne Rücken- und Armlehne einen Akzent setzen, wenn Haus und Garten die Voraussetzung bieten. Gute Formen finden sich manchmal in noch nicht flurbereinigten Weinbergen. Früher standen sie dort häufig vor den schönen, nach Süden ausgerichteten Sand- oder Kalksteinmauern, »dem Wanderer zur kurzen Rast bereitet« (Schiller, »Wilhelm Tell«).

Bauernmöbel

Bauernmöbel besitzen eine alte Tradition. Sie haben ihre schlichten, zeitlosen Formen oft über Jahrhunderte unverändert beibehalten. Vor oberbayrischen Bauernhäusern stehen heute noch viele sehr hübsche, alte Feierabendbänke. Diese ge-

So eine alte Steinbank prägt einen Sitzplatz.

mütlichen, naturfarbenen Bänke aus Fichtenholz passen sich ihrer Umgebung gut an. Dank der weit überstehenden Dächer waren sie der Witterung nur wenig ausgesetzt und konnten viele Jahre überdauern. Ihre einfache Gestaltung paßt auch in einen städtischen Hausgarten. Bauernmöbel werden heute in den verschiedensten Formen wieder nachgemacht und sind im Handel verhältnismäßig preiswert zu bekommen. Leider werden die guten schlichten Formen häufig verkitscht.

Die schönen alten Bauernmöbel aus Fichtenholz zieren die Terrasse vor einem Haus in Oberbayern.

Thonet-Möbel

Die Möbel der Firma Thonet waren einer der Vorläufer für das Konzept des modernen Möbels. Ihre Bugholzmögel spiegeln eindrucksvoll den Übergang vom Handwerk zur industriellen Massenproduktion des 19. Jahrhunderts wider. Vor allen Dingen war es die Dampfmaschine, die, aus England kommend, alle Produktionsprozesse veränderte. Eine Konkurrenz zum Handwerk breitete sich unaufhaltsam aus und ermöglichte die Massenherstellung von Rohmaterialien und neuen Produkten. Der Tischlermeister Michael Thonet fand bereits in der Zeit des Biedermeier in der Rotbuche einen idealen Rohstoff, der sich für sein spezielles Biegeverfahren besonders gut eignete. Die in ihrer Form meist schlichten und zeitlosen Bugholzmöbel waren über viele Jahrzehnte weltweit bekannt und beliebt und durch die industrielle Massenproduktion auch preiswert. Grundprinzip war es, die Stühle aus möglichst wenig Einzelteilen zusammenzusetzen. Diese wurden dann mit Schrauben verbunden, die jederzeit nachgezogen werden konnten.

Gartenmöbel der Firma Thonet glichen den Bugholzmöbeln oft nur der Form nach und bestanden in ihrer Konstruktion aus Stahlschienen mit Lattenrosten.

Möbel aus Eisen

Ende des achtzehnten bis Anfang des neunzehnten Jahrhunderts wurden auch Gußeisenmöbel als Gartenmöbel verwendet. Rein technisch war es durchaus möglich, die komplizierten Formen und Ornamente billiger aus Eisen als aus Holz herzustellen. Manche Fabrikanten beschäftigten damals schon Designer, die zeitgenössische Formen entwarfen. Die aus dünnen Eisenstäben fabrizierten Stühle zeigten eine deutliche Beziehung zu Thonet-Stühlen.

Es gab auch Gartenbänke mit massiven Füßen aus Gußeisen und Holzlatten (Bohlen) als Sitz und Lehne. Sie wurden oft farbig gestrichen, grüne Füße wurden mit naturfarbenen Holzlatten kombiniert,

Die Firma Thonet bietet in ihrem Katalog von 1888 Gartenmöbel im Stil der bekannten Bugholzmöbel an.

Bänke mit gußeisernen Füßen findet man gelegentlich noch in historischen Parks.

blaue Füße mit weißen Holzlatten oder auch weiße Füße mit roten Holzlatten. Diese Art Bänke werden heute auch wieder nachgebaut.

Gegen Ende des neunzehnten Jahrhunderts verfiel die Gußeisenindustrie. Einmal weil sich ihre Produkte als unverwüstlich erwiesen, zum anderen, weil das Material nicht mehr neu und somit attraktiv genug war. Neben Gußeisen wurden auch Stühle aus geschmiedeten Rundeisen hergestellt, oft in Verbindung mit dünnem, federndem Blatteisen. Diese Stühle wirkten sehr elegant und fanden mehr in Innenräumen Verwendung.

Shaker-Möbel

In der Geschichte des modernen Möbels können die Shaker-Möbel nicht übersehen werden. Die Shaker waren eine Ende des 18. Jahrhunderts aus England nach Amerika ausgewanderte Sekte, die den Stil ihrer Produkte vom späten 18. bis in die Mitte des 19. Jahrhunderts unverändert beibehielt.

Sie waren der Überzeugung, daß einerseits jede unnötige und dem Prunk dienende Form sündhaft sei und daß andererseits hohe Qualität der handwerklichen Arbeit eine Möglichkeit bildete, in einer vollkommenen Welt zu leben. Ihre Devise lautete: »Schönheit beruht auf Zweckmäßigkeit.«

Möbel dieser Art gibt es heute verhältnismäßig preiswert im Handel. Sie eignen sich durchaus für Übergänge zwischen Innen- und Außenraum wie überdachte Sitzplätze und Loggien.

Korbmöbel

Neben der Holzverarbeitung zählt die Korbflechterei zu den ältesten handwerklichen Techniken. Vom Korb als Behältnis gelangte man bald zu geflochtenen Möbeln. Sitzmöbel aus Flechtwerk sind auf chinesischen Holzschnitten ebenso zu sehen wie auf manchen römischen Steinreliefs. Bei uns floriert seit 1896 in Oberfranken in der Nähe von Coburg ein Zweig der Korbwarenindustrie.

Als Material diente neben der Weide *(Salix)* ab dem Ende des neunzehnten Jahrhunderts auch in Europa das Palmenrohr (Rattan), das aus Indonesien und Malaysia importiert wird.

Die durchlässigen, leichten und robusten Möbel eignen sich gut als Gartenmöbel. Ihre Form und Herstellungsweise läßt nur kleine Serien zu. Damit hängt ihre persönliche Wirkung zusammen. Korbmöbel können ebenso in kubischen wie in freien Formen hergestellt werden.

Vor dem Zweiten Weltkrieg waren Korbmöbel sehr »in Mode«. Leider sind sie nicht ganz regenfest und sollten des-

Korbmöbel strahlen Gemütlichkeit aus. Hier würde man sich gerne niederlassen.

Wirkt sie nicht reizvoll, die alte englische Teakholzbank?

halb an einem überdachten Platz stehen. Das gilt vor allen Dingen für größere, schwerere Stücke. So hübsch und gemütlich zum Beispiel ein Korb-Schaukelstuhl auf der Terrasse sein kann, der beschwerliche Transport des meist etwas sperrigen Möbels von draußen nach drinnen und umgekehrt hindert doch an einer Dauerbenutzung.

Möbel aus England

In England hat der Bau von Gartenmöbeln aus Teakholz Tradition. Schiffszimmerleute begannen im vorigen Jahrhundert damit, sich ihre Möbel aus den Teakholzplanken ausgedienter Segelschiffe zu zimmern. Sie wußten aus Erfahrung, daß dieses Holz besonders widerstandsfähig gegenüber den Unbilden der Witterung ist. Das Holz enthält ein Öl, dadurch braucht es keine zusätzliche Behandlung mit Lasur oder Lack und keinen Winterschutz. Mit der Zeit nimmt Teakholz eine silbergraue Patina an, die diesem Holz einen besonderen Charme verleiht. Traditionsgemäß werden die wegen ihrer natürlichen Schönheit berühmten englischen Gartenanlagen auch heute noch mit Teakholzmöbeln ausgestattet. Auch bei uns findet man diese Bänke, Tische und Stühle im Angebot. Sie werden alten Modellen nachgebaut und oft ohne Schrauben und Nägel, nur mit Zapfen, Nut und Holzdübeln zusammengesetzt. Außer der Wetterfestigkeit bieten sie ein großes Maß an Bequemlichkeit. Ähnliche Möbel werden auch in Skandinavien hergestellt, meist sind sie weiß lackiert.

Jugendstil-Möbel

In der Zeit des Jugendstils, als man vielfach die Funktionen der einzelnen Wohnräume auf den Garten übertrug, war es durchaus üblich, auch für den Garten die entsprechenden stilgerechten Möbel zu entwerfen. Älteren von uns sind vielleicht einige dieser formschönen, weiß gestrichenen Möbel in Erinnerung. Es waren oft Einzelstücke, oder sie wurden nur in kleinen Serien hergestellt und hatten dadurch ihre besondere Ausstrahlung, wie sie die industriell hergestellten Massenprodukte leider nicht mehr haben. Meist waren sie aus Holz und von hoher handwerklicher Qualität. Vielfach entstanden sie im Zusammenwirken von

Diese Jugendstil-Stühle wirken in ihrer Form vollendet.

Künstlern mit Handwerkern. Die Entwerfer blieben oft namenlos, aber auch bedeutende Architekten dieser Zeit wie Adolf Loos (1870 bis 1933), Charles Rennie Mackintosch (1868 bis 1928), Otto Wagner (1841 bis 1918), Josef Hoffmann (1870 bis 1956), Richard Riemerschmid (1868 bis 1957), um nur einige zu erwähnen, entwarfen Möbel für ihre Bauten. Von ihren Gartenmöbeln (soweit welche vorhanden waren), die durch die Witterung doch einem starken Verschleiß ausgesetzt waren, sind heute leider kaum welche erhalten.

In Dänemark gibt es im Garten des Dichters Holger Drachmann Originalmöbel aus der Zeit um 1900. Sein Garten im Fischerdorf Skagan in Nordjütland war ein bekannter Treffpunkt für Dichter, Maler und Schriftsteller. Eine dieser Bänke findet sich auf vielen berühmten Gemälden jener Zeit.

Diese Möbel werden heute wieder nachgebaut. Die Handwerker aus Skagan arbeiten bei der Auswahl und Bearbeitung ihres Holzes wie früher. Die Möbel werden entweder weiß gestrichen oder aus massivem Teakholz mit Oberflächenversiegelung angeboten.

Diese neuere Sitzgruppe lehnt sich an den Formen des Jugendstils an.

Möbel heute

Die Industrie bietet heute eine ungeheuere Vielfalt von Gartenmöbeln an und jedes Jahr kommen neue Formen dazu, so daß es nicht leichtfällt, sich für ein Modell zu entscheiden. Dazu kommt noch, daß sich Hersteller oft darin gefallen, das Geschmacksniveau einer wenig designbewußten Bevölkerung zu befriedigen. Leider sind viele Menschen in Gestaltungsfragen unsicher, und so ist es für viele schwer, die richtige Auswahl zu treffen. In unserem häuslichen Bereich streben wir nach Individualität und suchen eine unserem Lebensstil gemäße Möblierung. Wenn die Formen zu modisch sind und wir sie immer wieder, vielleicht sogar in schlechter Ausführung, zu sehen bekommen, werden wir sie bald über haben. Die Möblierung muß zweckmäßig sein und sich in die gegebenen Örtlichkeiten gut einfügen. Eine zeitlose, gute Qualität wird sich hier – wie in allen Bereichen – bewähren. Einer schlichten, formschönen Sitzgruppe, die bequem ist, werden wir nicht so leicht überdrüssig. Es ist aber durchaus möglich, einen Sitzplatz zusätzlich mit einem besonders schönen Einzelstück zu schmücken. Wenn man das Glück hat, ein solches zu finden, wird man seine Freude daran haben und es im Laufe der Zeit immer mehr schätzen.

Material

In Frage kommen viele Materialien, nur müssen sie gut verarbeitet sein. Wesentlich ist, daß ein Möbelstück aus dem für seine Gestaltung optimalen Werkstoff ge-

Leicht und elegant wirken diese Aluminiummöbel. Praktisch sind die Kufen, die das Einsinken der Stühle auf Rasenflächen verhindern.

baut ist. Am wohnlichsten und am besten den individuellen Ansprüchen angepaßt sind sicher die Möbel aus Holz. Holz ist ein lebendiges, organisches Material, das der menschlichen Natur verwandt ist. (Beide sind abhängig von Klima und Boden.) Vielleicht ist das der Grund, daß es uns so anspricht. Besondere Feinheiten können durch die individuelle Wahl des Holzes verdeutlicht werden. Ein weiches Holz wird sich anders darstellen als ein hartes. Wird es der Witterung ausgesetzt, verlangt es eine besondere Pflege.

Möbel aus Stahl und Eisen gibt es heute in ansprechendem Design. Ihre kühle Ausstrahlung kann durch Sitzkissen gedämpft werden.

Plastikmöbel gibt es in sehr guten Formen. Sie sind wetterfest und robust.

Ganz »modern« wirken Aluminium-Möbel. Oft handelt es sich um eigenwillige Modelle, die sicher nicht jedermanns Geschmack sind, aber es wohl auch nicht sein wollen. Bestechend ist ihre Leichtigkeit.

Sitzkissen

Sie erhöhen nicht nur den Sitzkomfort, mit ihnen können wir mit etwas Geschick manches unbefriedigende Möbeldesign überspielen. Sie sollten, wie die anderen Textilien (Markisen), zurückhaltend in Muster und Farbe sein, damit sie optisch hinter Pflanzen und Blumen zurücktreten. Sitzkissen aus Stoff sollten leicht abnehmbar sein. Nicht nur Regennässe, auch die Luftfeuchtigkeit in der Nacht verringern ihre Lebensdauer.

Hollywood-Schaukeln

Die sogenannten Hollywood-Schaukeln waren eine Zeitlang sehr begehrt, zum Teil sind sie es auch heute noch. Zum Sitzen und sogar zum Liegen sind sie recht angenehm und bequem. Das Markisendach kann den gewünschten Schatten bringen. Was Umfang, Form und Farbe betrifft, wirken sie sehr dominierend und fügen sich schlecht in einen Hausgarten ein. Zudem kommt wegen ihrer Größe die Schwierigkeit der Unterbringung. Einen Winter im Freien würden sie ohne große Schäden nicht überdauern. Auch den Sommer über müssen die voluminösen Kissen vor Regen geschützt werden. Vor einer solchen Anschaffung sollte man sich überlegen, ob sie genügend genützt wird, ob man den dafür geeigneten Platz im Garten hat, und die dafür notwendige Unterbringungsmöglichkeit für die Win-

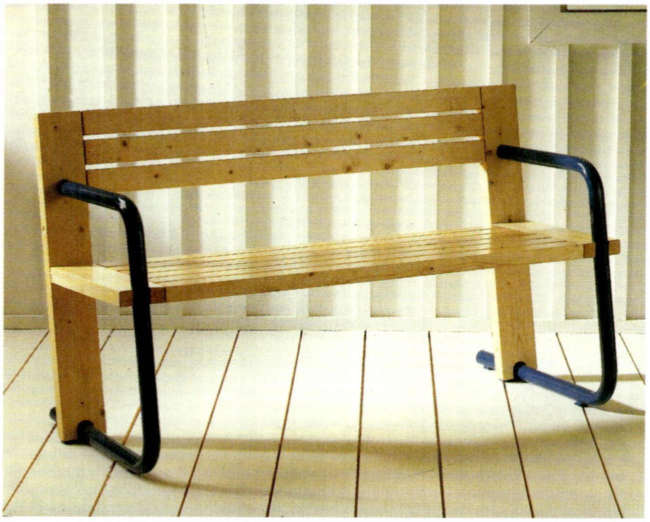

Auch Möbel aus neuerer Zeit zeigen schöne Formen. Diese moderne Bank paßt wohl in jeden Garten.

termonate vorhanden ist. Als Platz dürfte wohl am ehesten die Nähe eines Schwimmbades zum Stil einer Hollywood-Schaukel passen. In manchen Lagen kann sich ein Dachgarten ebenfalls als dafür geeignet erweisen.

Der Strandkorb

Wer in den Ferien gerne an die See fährt, möchte sich vielleicht mit einem Strandkorb Urlaubsatmosphäre auf die Terrasse holen. Schon lange bevor man andere Gartenmöbel richtig nutzen kann, bietet der Garten-Strandkorb Schutz. Man kann die ersten Sonnenstrahlen windgeschützt in frischer Luft genießen, aber auch an weniger schönen Tagen ist es möglich, sich im Strandkorb zu entspannen. Bis weit in den Herbst hinein wird die Gartensaison dadurch verlängert. Strandkörbe gibt es in vielen Variationen zu kaufen, aus Pedigrohr- oder Kunststoff-Geflecht, als Ein-, Zwei- oder Dreisitzer, mit und ohne Rollen und mit Polsterbezügen in unterschiedlichen Mustern und Farben. Für die Überwinterung im Freien ist auch eine passende Schutzplane zu haben, falls es an Unterstellmöglichkeiten fehlt. Die Lebensdauer eines Garten-Strandkorbs beträgt nach Angabe der Hersteller 20 bis 30 Jahre. Überall paßt er sicher nicht hin, aber am Badebecken könnte er ganz gut wirken.

Auf gutes Design sollte man auch beim Kauf von modernen Gartenmöbeln achten.

Liegemöbel

Der Altmeister der deutschen Stauden- und Landschaftsgärtner, Karl Foerster, meinte: »Die Natur hat einen intelligenten Faulpelz lieber, der sich mit einem fruchtbaren Garteneinfall aus dem Liegestuhl erhebt, als einen Neurotiker, der den ganzen Tag einfallslos herumrast.« Sicher meinte Karl Foerster den klappbaren Liegestuhl aus Holz, mit Stoff bespannt, mit oder ohne Fußstütze. Im Grunde gab es den »schon immer«, und er bildet immer noch ein bequemes Gartenmöbel, wenn es auch für Ältere und »Gewichtige« etwas beschwerlich ist, sich daraus wieder zu erheben. Gut zu transportieren, kann man ihn überall aufstellen, auf der Terrasse, in der Sonne oder im Schatten, auf der Wiese oder unter einem Baum. Es ist eigentlich schön, wenn ein Möbelstück über alle Mode-Veränderungen viele Jahrzehnte lang unverändert bleibt. Nutzen wir den Liegestuhl für Muße und »intelligente Garteneinfälle«.

Die Möbelindustrie bietet heute eine Vielzahl von Gartenliegen an. Es gibt sie, wie die Gartenmöbel, aus verschiedenen Materialien, in verschiedenen Ausführungen, oft passend zu den Sitzmöbeln. Fahrbare Liegen sind besonders praktisch.

Biergartenstühle

Die einfachen Stühle in den bayrischen Biergärten sind formschön und zeitlos. Sie passen fast überall hin – auf die Terrasse oder auf einen schlichten Sitzplatz unter einen Baum. Sie haben keine Armlehnen und sind deswegen nicht besonders bequem, sie eignen sich aber durchaus für einen Eßplatz im Garten oder auf der Terrasse. Mit einer Anzahl dieser praktischen Klappstühle, die weggestellt wenig Raum brauchen, ist man auch für einen größeren Besucheransturm gut eingerichtet. Solche Stühle werden heute wieder hergestellt, und es gibt sie in vielen Farben mit den dazu passenden Tischen. Ihr Preis ist durchaus erschwinglich.

Ein vielfach verstellbarer Liegestuhl für Muße und intelligente Garteneinfälle.

Die Qual der Wahl – Kriterien für Gartenmöbel

Leichte Klapp- oder Faltmöbel, wie sie auf Campingplätzen häufig zu sehen sind, halten bei »Dauerbenutzung« auf der Terrasse meist nur einen Sommer lang, sind aber recht preiswert. Kunststoffmöbel sind witterungsbeständig und pflegeleicht, aber allen Witterungseinflüssen halten sie auch nicht auf Dauer stand. Mit der Zeit wird zum Beispiel weißer Kunststoff gelblich und großporig, bei braunen Möbeln fällt das weniger auf. Es gibt inzwischen auch spezielle Pflege- und Reinigungsmittel für Kunststoff-Gartenmöbel.

Holzmöbel brauchen, wenn sie lackiert sind, mehr Pflege. Der Holzschutz sollte alle paar Jahre erneuert werden, wenn die Möbel ungeschützt im Freien stehen. Naturholzmöbel, die geölt sind, sollten öfters entsprechend behandelt werden. Bei allen Möbeln sollte man vor dem Kauf die Verarbeitung prüfen und probesitzen. Herausragende Schrauben können verletzen oder rosten. Schrauben sollten daher bei Holzmöbeln versenkt und verkittet, bei Kunststoffmöbeln mit Knöpfen abgedeckt sein. Auch die Sitzhöhe und -tiefe muß man vor dem Kauf ausprobieren. Dabei spürt man auch harte Zargen oder nicht abgerundete Kanten, die die Bequemlichkeit stark beeinträchtigen können. Bei klappbaren Tischen, Stühlen, Liegen und Bänken ist zu kontrollieren, ob die verstellbaren Rücken- oder Seitenlehnen in jeder Einstellung standfest sind. Für die Aufstellung auf Rasenflächen eignen sich Möbel mit kufenartiger Stellfläche oder Bügeln zwischen den Beinen. Durch den besser verteilten Flächendruck sinken die Gestelle nicht so tief ein.

Eine Sitzgruppe mit Biergarten-Möbeln – einfach und zeitlos.

Die Pflege von Gartenmobiliar

Lackierte Holzmöbel muß man sorgfältig pflegen. An Stellen mit abgesplitterter Farbe kann durch eindringende Nässe Fäulnis entstehen. Mit einem Heißluftgerät, das man auch leihen kann, wird der Lack erhitzt und abgespachtelt. Mit Holzkitt bessert man sichtbare Schäden aus und lackiert neu. Fachleute empfehlen Acryllacke. Mit Klarlack behandelte Naturholzmöbel sollte man besonders gründlich überprüfen, denn meist fallen Risse erst auf, wenn das Holz schon beschädigt ist.

Bei allen Rostschutzanstrichen, zum Beispiel an Metallgestellen oder Beschlägen, ist die Verwendung umweltfreundlicher und ungiftiger Mittel wichtig. Das jahrzehntelang verwendete Mennige ist bleihaltig und außerordentlich giftig, darauf sollten wir auf jeden Fall verzichten.

Alternative Sitzmöglichkeiten

Jugendliche und Kinder sitzen gerne auf dem Boden, auf Treppen, Mauern, Sitzsteinen oder Holzbalken. Auch Bänke ohne Lehne sind beliebt, man kann sie von allen Seiten benützen. Bei Bänken mit Lehnen scheint die Jugend im Gegensatz zur älteren Generation keinen Wert auf Bequemlichkeit zu legen, denn vorwiegend wird die Lehne als »Hochsitz« verwendet.

Rasenbank

Im Mittelalter kannte und benutzte man die Rasenbank. Zunächst war es eine künstliche Erdaufschüttung, belegt mit Rasensoden, »voll lieblicher Blumen und ungefähr in der Mitte zum Sitzen geeignet« (Albertus Magnus 1206 bis 1280). Im Wallraf-Richartz-Museum in Köln hängt ein berühmtes Gemälde von Stephan Lochner (1410 bis 1451), »Die Muttergottes in der Rosenlaube«. Maria sitzt vor einer Rasenbank aus Holzwänden, der Sitz ist mit Gras und Erdbeeren bewachsen. Steinwände dienten der seitlichen Befestigung.

Man errichtete Rasenbänke entweder freistehend im Garten oder vor einer Mauer, die dann als Rückenlehne diente. Als in der Renaissancezeit zum ersten Mal bewegliche, statt ortsfester Gartenmöbel aufkamen, geriet die Rasenbank in Vergessenheit und tauchte erst später in romantischen Gärten wieder auf. Goethe entwarf für seinen Garten eine Rasenbank, und in einem Bänkelsängerlied des 19. Jahrhunderts wird die »Rasenbank am Muttergrab« erwähnt. Auch aus aufgeschichteten Rasensoden wurden diese Bänke gebaut. Das kann man natürlich heute auch so machen. Aus sorgfältig ausgestochenen, festen Rasensoden schichtet man eine Bank oder niedere Mauer auf. Der seitliche Anlauf sollte 20 Prozent betragen, damit alle Seiten genügend Wasser aufnehmen können. Austrocknen darf die Rasenbank nicht, bei geringen Niederschlagsmengen muß man wässern. Das Gras schneidet man am besten mit einer elektrischen oder mechanischen Schere. Vor Grasflecken an der Kleidung schützen aufgelegte Sitzkissen.

Duftbank

Im Park von Sissinghurst Castle in England steht eine »Duftbank«, eine massive Steinbank mit Arm- und Rückenlehne, deren Sitz mit wohlriechenden Kräutern bepflanzt ist. Wird sie »besetzt«, verströmen die Blätter der Römischen Kamille *(Anthemis nobilis)* und der Korsischen Minze *(Mentha requienii)* ihren starken Duft. Noch eine andere Duftbank ist dort zu finden, eine Holzbank, deren Rücken- und Seitenlehnen aus geschnittenem Buchs *(Buxus sempervirens)* besteht. Es sind sicher originelle und skurrile Erfindungen, aber wer Humor hat, kann sich eine Duftbank leicht selbst bauen. Wichtig ist ein guter Wasserabzug für die Pflanzen. Bei der Pflanzenauswahl sollte man auch an *Thymus serpyllum* denken.

Duftbank im Park von Sissinghurst Castle. Nur wenn sich jemand darauf setzt, werden die Duftstoffe der Kräuter, die ätherischen Öle, freigesetzt.

Sitzsteine

Beim Ausbaggern des Kellers stößt man manchmal auf größere Steine, beispielsweise Findlinge, Kalk- oder Sandsteinbrocken. Wir sollten sie nicht in die Auffüllgrube fahren, sondern auf dem Grundstück einbauen. Die »eigenen« Steine passen immer und können bei entsprechender Plazierung ein beliebter Sitzplatz werden: Im Schatten eines Baumes, am Rand eines Rosen- und Staudenbeetes oder am Ufer eines Teichs – es gibt viele Möglichkeiten für die Verwendung. Ein besonders schöner Stein kann zudem wie eine Plastik wirken. Alle Steine müssen mit der breitesten Seite auf dem Boden liegen, so, als wären sie von einem Berg heruntergekollert. Sie sollten etwas eingegraben werden und nicht nur obenauf liegen. Obwohl dann ein Teil des Steines nicht mehr zu sehen ist, wirkt er größer und natürlicher, er »wächst« aus der Fläche heraus. In Natursteinbetrieben oder Steinbrüchen kann man sich auch passende Steine aussuchen. Im Sommer heizen sich die Steine auf und sind dann behaglich warm, an kühlen Tagen ist eine Sitzunterlage empfehlenswert. Hübsch wirken auch große Natursteinbrocken in Quaderform, mit denen man das Gelände am Sitzplatz abfangen kann und gleichzeitig eine Sitzgelegenheit erhält.

Sitzmauern

Hinter einer behäbigen Sitzmauer, die eine Terrasse am Haus einfaßt, fühlt man

Der große Naturstein dient als Sitzgelegenheit.

Moderne, fest installierte Sitzsteine.

sich wohl und geborgen. »Sie stößt als eine dem Haus innewohnende Disziplin in den Garten vor und verbindet die Natur mit dem »Gebilde aus Menschenhand««, so Otto Valentien, einer der bedeutendsten Gartengestalter in der Vor- und Nachkriegszeit. Die Mauern wurden früher aus Natursteinen gemauert oder trokken aufgesetzt. Diese Kunst wird leider immer seltener. Naturstein galt als das selbstverständliche Material, die lebendige Oberfläche fügt sich gut in den Garten ein.

Betonmauern und Beton-Fertigteile sind preiswerter, sowohl was das Material als auch die Herstellung der Mauern betrifft. Bei gemörteltem Mauerwerk ist eine Abdeckplatte wichtig, sie verhindert das Eindringen des Wassers in die Mauerfugen. Frostschäden werden dadurch vermieden. Die Abdeckplatte sollte mindestens 5 cm stark sein, einige Zentimeter überstehen und etwas nach hinten geneigt errichtet werden. Ablaufendes Wasser kann dann nicht die Mauer herabfließen und sie verschmutzen. Der »Schlagschatten« der überstehenden Platten gibt der Mauer zudem besonderen Reiz. Als Höhe einer Sitzmauer einschließlich Abdeckplatte nimmt man im Mittel 48 cm an. Wird eine Brüstungsmauer am Haus geplant, sollte sie zumindest an einer Seite an das Gebäude »angebunden« werden.

Auch aus Beton-Fertigteilen, zum Beispiel dem U-förmigen »Karlsruher Gartenstein«, lassen sich ansprechende Sitz-

Sitzmauer aus Bruchsteinen. Die Abdeckplatte verhindert, daß Wasser in die Mauerfugen eindringt.

mäuerchen herstellen. Im Gegensatz zur Naturstein-Mauer, die immer ein »Unikat« darstellt, wirken die aus genormten, vorgefertigten Teilen hergestellten Mauern »uniform«. Eine Alternative sind die allemal; sie passen in unser Beton-Zeitalter und zu modernen Häusern. Ihre rechteckigen Formate lassen keine Rundungen im Mauerverlauf zu, bei Natursteinen ist man ungebundener und kann auch eine geschwungene Linienführung wählen.

Der sichtbare Beton schafft manchmal Unbehagen, obwohl sich Betonmauern mit entsprechender Bearbeitung, beispielsweise gespitzt oder gestockt, gut integrieren lassen und bei entsprechender Bepflanzung auch gefallen können. Auf der bearbeiteten Oberfläche bildet sich Patina, und mit den Jahren fügen sich solche Mauern immer besser ein.

In Hanglagen wird man eine notwendige Stützmauer bis zur Sitzhöhe hochziehen. Auch bei einem frei im Garten liegenden Ruheplatz, wo man Stützmauern braucht, um eine ebene Fläche zu erhalten, wird man so verfahren. Diese Sitzplätze können gerade wegen der Sitzmauer besonders reizvoll sein.

Mauern aus Holz

Stein ist von Natur aus stabiler und dauerhafter als Holz, aber das Material wirkt warm und sympathisch. Die kesseldruckimprägnierten Hölzer haben eine grünliche Farbe, hervorgerufen durch die unter hohem Druck eingepreßten Salze. Auf natürliche Weise vergraut solches Holz aber schnell. Die Hersteller garantieren je nach Bodenverhältnissen eine Haltbarkeit von 15 bis 20 Jahren.

Gebrauchte Eisenbahnschwellen sind sehr hart und haltbar und wegen ihrer Härte schwer zu bearbeiten. Sie eignen sich gut für Stütz- und Sichtschutzmauern oder Stufen. Die frühere Imprägnierung mit Schweröl ist sicher längst ausgewittert, wenn man sie kauft. Mehr aus hygienischen Gründen sollte man es sich überlegen, ob man Eisenbahnschwellen als Sitzmauer verwenden will. Was da alles aus den Zügen über Jahrzehnte auf die Schwellen »tropfte«!?

Neue Schwellen sollte man maßgenau bestellen, späteres Einpassen durch Absägen mindert die Lebensdauer. Als Sitzmauer bauen wir die Balken waagerecht ein, freistehend oder gleichzeitig als niedrige Stützmauer. Als Fundament genügt ein Aushub von etwa 20 cm Tiefe und der entsprechenden Breite der Schwellen, bei einer Stützmauer gräbt man etwa 10 cm breit. Die Sohle wird planiert und verdichtet und mit Schotter, frostsicherem Kies oder ähnlichem geeignetem Material verfüllt. Je nach gewünschter Höhe legt man zwei bis drei Lagen Hölzer übereinander. Zur Stabilisierung werden die Schwellen an der Rückseite mit Eisenklammern verbunden, besonders wichtig ist das an den senkrechten Stößen. Übernimmt die Mauer eine Stützfunktion, legt man an das Holz eine Lage Dachpappe und hinterfüllt mit Schotter oder sonstigem Material als Dränage-Schicht, damit das Wasser rasch ablaufen kann. Man kann rechtwinklig oder im stumpfen oder spitzen

Kinder sitzen gerne auf Stufen.

Winkel verlegen, runde Formen sind nicht möglich.

Stufen

Grundsätzlich sollten Stufen im Garten breiter und flacher sein als üblicherweise die Treppen (zum Beispiel Kellertreppen) im Haus. Auf schmalen Auftrittsflächen haben höchstens kleine Kinder genügend Sitzfläche, Jugendliche machen es sich lieber auf breiteren Stufen bequem. Ein gutes Steigungsverhältnis ist 12 bis 14 cm Höhe und 40 bis 37 cm Auftrittsbreite. Je flacher die Stufe ist, desto breiter muß die Auftrittsfläche sein. Eine Regel lautet: 2 × Höhe + Auftrittsfläche = 65 cm.

Improvisierte Sitzmöglichkeiten

Für zünftige Grillparties mit vielen Gästen genügen meist die vorhandenen Gartenmöbel nicht. Mit Stammabschnitten eines dicken Baumes, der vielleicht eingegangen ist oder dem Hausbau weichen mußte, kann man sich behelfen.

Bei Kindergeburtstagen laden die lieben Kleinen manchmal die halbe Klasse ein. Auch hier steht die Mutter vor der Frage: »Wo bringe ich genügend Sitzmöglichkeiten her?« Eine erprobte »Alternative« sind zwei stabilere Obstkisten aus dem Supermarkt, ein Brett darüber und eine bunte Decke darauf gelegt, und schon ist das Problem gelöst.

Die Beleuchtung

Sitzt man an warmen Sommerabenden auf der Terrasse, ist sicher das Windlicht mit Kerze die romantischste Beleuchtung; sie reicht für den Tisch meist aus. Trotzdem wird man auf eine elektrische Beleuchtung nicht ganz verzichten können. Zumindest muß der Zugang zum Sitzplatz so beleuchtet sein, daß niemand verunglücken kann. – Nicht allein wegen des körperlichen Schadens des Verunglückten, es ergeben sich zwangsläufig haftpflichtrechtliche Probleme, wenn beispielsweise ein Gast in der Dunkelheit stürzt.

Eingänge, Wegeabzweigungen und Treppen müssen beleuchtet sein. Um Blendwirkungen auszuschalten, sollte bei Stufen die Lichtquelle immer am Treppenfuß installiert werden. Bei Gehflächen genügen niedrige Lampen mit etwa einem Meter Höhe. Bei nur nach unten abstrahlenden Produkten ist die Blendwirkung sehr gering. Hier braucht man auch keine starke Lichtquelle, denn der Garten ist schließlich keine Straße.

Die Lampenform sollte der Gestaltung des Gartens angepaßt sein. Zu geschwungenen Wegen zum Beispiel passen Kugeln, zylindrische oder tellerartige Formen, für rechtwinkelig angelegte Gärten eignen sich andererseits eckige Beleuchtungskörper.

Die schlichte Lampe wird vom Staudenbeet kaschiert.

So hübsch kann ein einfaches Windlicht sein.

Im Gegensatz zur Wohnung hat die Beleuchtung im Garten eine untergeordnete Bedeutung. Sie muß gegenüber der Vegetation zurücktreten und darf am Tag nicht auffallen. Knallige, auffällige Farben wie beispielsweise bei einer »Fliegenpilz-Lampe« sowie allzu nostalgische, verschnörkelte Laternen-Imitationen sind nicht zu empfehlen.

Ob an Sitzplätzen oder Wegen, ein »warmes« Licht von Glühbirnen wirkt angenehmer als kaltes Neonlicht. Die Gläser der Lampen sollten nicht eingefärbt sein, die Farben des Gartens würden sonst verändert und wirkten künstlich. Milchglas verbreitet ein gedämpftes Licht, klare Gläser können recht festlich wirken.

Elektrische Anschlüsse im Freien müssen wasserdicht sein, die Lampen sollten widerstandsfähig gegenüber Witterungseinflüssen und die Glühbirnen leicht auszuwechseln sein. Alle elektrischen Anschlüsse für ortsfeste Lampen muß ein Fachmann ausführen, damit keine folgenschweren Fehler passieren. Für ortsveränderliche Leuchten braucht man keinen Elektriker. Hier wird das Kabelende mit Stecker einfach in eine vorhandene Steckdose gesteckt. Wird das Kabel über Sitzplätze geführt, so ist darauf zu achten, daß niemand daran hängenbleiben kann. Entweder verlegt man das Kabel entlang des Hauses, an der Mauer oder in der Pflanzfläche. Auch über Rasenflächen sollte man die Kabel nicht führen, sie werden leicht vergessen und beim Mähen durchgeschnitten.

Die ortsveränderlichen Gartenlampen haben meist einen Erdspieß, mit dem man sie, wo man sie gerade braucht, einfach in die Erde steckt. Auch Garten-Scheinwerfer mit Erdspieß können, zwischen Pflanzen versteckt, wirkungsvolle Lichteffekte durch die Beleuchtung einzelner Bäume oder schöner Sträucher bringen. Meist haben diese Strahler schwarze oder graue Gehäuse, so daß sie bei Tageslicht kaum auffallen.

Eine Außensteckdose an der Terrasse wird oft schon beim Hausbau vorgesehen. Für Sitzplätze, die vom Haus entfernt im Garten liegen, empfiehlt sich eine ortsfeste Gartensteckdose. Es sind kleine Metallsäulen mit einem oder mehreren Anschlüssen, die uns den »Kabelsalat« im Garten ersparen. Sie müssen korrosionsbeständig und wasserdicht sein und ebenfalls vom Fachmann montiert werden. Will man sich den Aufwand sparen, kann man eine Steckdose mit Erdspieß wählen.

Zusätzliche Anschlußmöglichkeiten für Strom lassen sich im Garten nicht nur für die Beleuchtung nutzen. Toaster, Elektrogrill oder ein Infrarotstrahler zum verlängerten Aufenthalt an kühlen Abenden können angeschlossen werden, und für Gartenarbeiten mit Elektrogeräten – denken wir an Rasenmäher oder Heckenschere – sind sie sehr nützlich. Zu bedenken ist auch, daß rote und blaue Farbtöne im elektrischen Licht untergehen. So wirken zum Beispiel angestrahlte rote Rosen meist schwarz. Dagegen ergeben beleuchtete gelbe Blüten wundervolle nächtliche Szenerien, beispielsweise mit blühenden Forsythien oder mit den im Herbst blühenden Stauden-Rudbeckien *(Rudbeckia nitida* und *R. laciniata).*

Die Bepflanzung

Bei der Vielfalt der Pflanzen ist es fast unmöglich, Patentrezepte für die Bepflanzung von Sitzplätzen zu geben. Außer der Himmelsrichtung, dem Boden, dem Kleinklima, der Größe der zur Verfügung stehenden Pflanzfläche und der Gestaltung der befestigten Fläche spielen auch die individuellen Wünsche und Möglichkeiten der Bewohner eine große Rolle. Ein begeisterter Hobbygärtner wird sich ein pflegeintensives Staudenbeet anlegen, Menschen mit weniger Zeit und Interesse am Garten bevorzugen dagegen eine pflegeleichtere Bepflanzung.

Allgemeine Gesichtspunkte

Der Freisitz sollte, wenn immer es möglich ist, einen freien Zugang zur Rasenfläche haben. Jede Terrasse wirkt dadurch großzügiger und der Rasen kann bei Bedarf, zum Beispiel wenn viele Gäste kommen, zusätzlich genutzt werden. Eine seitliche Bepflanzung reicht zur Einbindung des Freisitzes in den Garten aus.

Kaum ein Sitzplatz gleicht in Größe und Lage dem anderen, allenfalls an Reihen- oder Mehrfamilienhäusern sind sie »genormt« und manchmal auch noch mit phantasielosem Einheitsgrün bepflanzt, denn der Bauträger will »schlüsselfertig« übergeben, und an der Pflanzung wird so gut wie immer gespart. Hat man das Haus oder die Wohnung gekauft, kann man problemlos umgestalten und verbessern, sofern man die im Nachbarschaftsrecht der einzelnen Bundesländer festgelegten Grenzabstände einhält und keine besonderen Vorschriften der Hausverwaltung bestehen.

Bei gemieteten Objekten muß man zuerst den Besitzer fragen und sich vor größeren Ausgaben darüber im klaren sein, daß alle ausdauernden Pflanzen, also Bäume, Sträucher und Stauden, automatisch in den Besitz des Grundeigentümers übergehen, wenn sie eingepflanzt sind. Zieht man nach einigen Jahren aus, darf man die Pflanzen nur mit dem Einverständnis des Vermieters ausgraben und mitnehmen. Ohne genaue und möglichst schriftliche Vereinbarung kann man dabei böse Überraschungen erleben. Wenn dem Hausbesitzer die »eigenmächtig« gepflanzten Bäume und Sträucher nicht passen, kann er das Entfernen liebevoll gehegter und gepflegter Pflanzen verlangen, auch noch nach Jahren, und sei es nur, weil er den Mieter ärgern oder zum Auszug veranlassen will, damit er die Wohnung teurer vermieten kann. Außer dem Ärger muß man dann noch die Kosten für das Roden und die Abfuhr tragen.

Planen wir eine Sichtschutzpflanzung, müssen wir unbedingt die spätere maximale Größe der Gehölze erfragen und berücksichtigen. Niedliche kleine Fichten, beispielsweise die schmalwachsende Omorika-Fichte *(Picea omorika)*, wachsen einige Jahre lang verhältnismäßig langsam und schießen nach der Einwachsperiode so in die Höhe, daß kein Sonnenstrahl mehr zum Sitzplatz durchkommt. Köpft man die Fichten, sieht das sehr häßlich aus. Man kann sie nur in der gewünschten Höhe halten, wenn sie als Hecke gezogen und regelmäßig geschnitten werden. Der Schnitt aller Fichtenhekken sollte möglichst spät im Jahr erfolgen, etwa ab Ende Oktober. Bei zu warmen Temperaturen geschnittene Hecken werden braun und erholen sich nur sehr lang-

sam. Grundsätzlich müssen alle Hecken mit regelmäßigem Schnitt unten breiter sein als oben, also eine konische Form erhalten, damit die seitlichen Flächen gut belichtet werden. Die Pflanzen verkahlen sonst im unteren Bereich, oft gerade in Sitzhöhe, wo man den Sichtschutz besonders braucht. Diese Schnittschäden können später nur durch eine Vorpflanzung mit niedrigbleibenden Gehölzen oder höheren Stauden kaschiert werden. Hat man dafür keinen Platz, muß die Hecke durch eine Neupflanzung ersetzt werden.

Auch Laubbäume wachsen oft schneller, als man dachte, und verschatten den Sitzplatz mehr, als man sich das vorgestellt hatte. Größere Sträucher kann man durch regelmäßige Pflege einigermaßen in der Höhe begrenzen, wenn immer wieder das »alte Holz«, das sind die ältesten Äste, vom Boden ab entfernt werden. Auch der Laie erkennt an der Stärke der Zweige und der Farbe der Rinde schnell das Alter. Leider werden aus Unkenntnis häufig Sträucher einfach oben abgeschnitten. Das macht zwar weniger Mühe als das Absägen unten, wobei man sich ja bücken muß, aber man erzieht dadurch nur ein unten kahles und oben um so üppiger wachsendes, besenartiges Gehölz. Weil der Saft in den Pflanzen besonders stark in die oberen Bereiche steigt, treiben die am Zweigende sitzenden Augen nach dem Schnitt besonders kräftig aus. Schneidet man einen Zweig ab, hat man dafür im nächsten Jahr vier oder fünf Triebe, die dann wieder gekürzt werden. Die Pflanze wird durch diese Behandlung nicht nur ausgesprochen häßlich, weil ihr natürlicher Habitus verloren geht, sie vergreist auch so sehr, daß sie keine Kraft mehr hat, junge Triebe vom Boden aus zu bilden, geschweige denn die erhofften Blüten und Früchte hervorzubringen. Man kann Gehölze mit dieser Schnittmethode, dem sogenannten »Hausmeisterschnitt«, regelrecht zu Tode pflegen. Also lieber alle zwei bis drei Jahre auslichten als jedes Jahr absäbeln!

Eine an den Landschaftsarchitekten oft herangetragene Forderung lautet: »Wir wollen im Sommer und im Winter vor Einsicht geschützt auf der Terrasse sitzen und wünschen deshalb eine immergrüne Bepflanzung.« Damit wird die Auswahl geeigneter Pflanzen erheblich eingeschränkt. Dabei gibt es doch so viele schöne Gehölzarten, nur werfen eben viele im Herbst die Blätter ab.

Brauchen wir im Winter wirklich einen ständigen Sichtschutz? Wie oft hält man sich in unserem Klima zwischen November und Mai länger auf der Terrasse auf? Meist genießt man in dieser Zeit nur hin und wieder in der Mittagsstunde die Frühlingssonne und holt sich dazu einen Stuhl aus dem Haus, denn für die Gartenmöbel ist es noch zu früh; man läßt sie im Winterquartier. Eine immergrüne Bepflanzung kann bei tiefstehender Sonne im Winter auch die Belichtung der Wohnräume beeinträchtigen, während das kahle Geäst der Laubgehölze den Lichteinfall kaum vermindert. Außerdem sind Blütensträucher im Wechsel der Jahreszeiten wesentlich reizvoller als stets gleichmäßig grüne Koniferen. Gerade in Sitzplatznähe kann man die Entwicklung intensiv beobachten, von den ersten grü-

Linke Seite: Nicht nur die Blüten, auch verschiedene Blattformen tragen zur Attraktivität einer Bepflanzung bei.

Ein ganz privater Dschungel entsteht durch so üppigen Pflanzenwuchs am Wasser.

nen Blättchen über Blüten und Früchte bis zum Fallen der herbstlich bunten Blätter.

Im kleinen Hausgarten können wir nicht auf Fernwirkungen zählen, das Blühen will aus der Nähe betrachtet werden. So schmückt man besonders Sitzplätze, ob Terrasse am Haus oder Sitzplatz im Garten, mit blühenden Pflanzen. Zu bedenken ist, ob der Sitzplatz einen schönen Fernblick bietet oder ob er zu einer Betrachtung der Pflanzen aus der Nähe einlädt. Selbst der Blick auf eine ruhige Rasenfläche mit einer dahinterliegenden Baum- oder Strauchgruppe hat seinen Reiz. Auch die perspektivische Bildvertiefung ist nicht außer acht zu lassen. Ein wirkungsvoller Vordergrund kann den Blick auf häßliche Partien in der Umgebung, wie Fabrikschornstein, Hochspannungsmast oder unschönes Nachbargelände, abschirmen und in eine andere Richtung lenken. Gerne verwendet man hierzu mehrstämmig wachsende Bäume oder Großsträucher. In den Baumschulen kann man sich malerisch gewachsene Pflanzen selbst aussuchen.

Alle seltenen und aparten Pflanzen dürfen nicht wahllos über den ganzen Garten verstreut werden. Sie sollten schwerpunktmäßig zusammengefaßt sein, und einzelne, besonders schöne Exemplare sollten als Solitär am Freisitz einen bevorzugten Platz bekommen.

Bepflanzungsbeispiele

Sonniger Standort im Frühjahr (etwa 4 m^2)

Beispiel 1. Dieser Zierapfel kann sich zu einem ansehnlichen Baum entwickeln (6 bis 8 m Höhe) und braucht entsprechend viel Platz. Sehr ansprechend sind seine rosafarbenen, halbgefüllten Blüten. Darunter pflanzt man blaue Hornveilchen, die bei entsprechender Pflege bis zum Herbst blühen können. Das Bild ergänzen eine weißblühende Glockenblume, am Rand das gelbblühende Steinkraut und Blaukissen.

Beispiel 2. Die weißen Blüten der Brautspiere mit ihrem überhängenden Wuchs bilden einen Kontrast zum rosafarben blühenden Teppichphlox, der orangegelben Nelkenwurz und dem blaublühenden Ehrenpreis.

Beispiel 3. Diese Zierkirsche mit ihrem gefälligen, leicht überhängenden Wuchs ist ein Großstrauch, der im April einen überreichen rosafarbenen Blütenflor bringt. Darunter breitet sich der gelbblühende, sehr robuste Lerchensporn aus (Blüte von Mai bis Oktober). Am Rand stehen die weißblühende Schleifenblume, dazu eine tiefviolette Frühlingsaster und gelbe Wolfsmilch. Dazwischen pflanzt man veilchenblaue, niedrige Bart-Iris.

Halbschattiger bis schattiger Standort im Frühjahr

Beispiel 4. Jeder Pflanzenliebhaber wird sich an der bereits im Februar erscheinenden und bis April anhaltenden gelben Blüte der Zaubernuß erfreuen. Wer noch Zwiebel von blauen *Crocus*, Schneeglöckchen und die gelbblühende *Iris danfordiae* darunter pflanzt, wird sich über eine farbenfrohe Frühlingsblüte freuen. Das Dunkelgrün der Kriecheiben vervollständigt das Bild. Im April folgt die Blüte des blauen Gedenkemein und dazu die gelb- und rosablühenden Elfenblumen.

Beispiel 5. Unter dem weiß-rosafarben blühenden Schneeball öffnen sich die blauen Blüten des Kaukasus-Vergißmeinnicht, dazu kommen die Gemswurz mit ihren gelben Margeritenblüten und das bekannte Tränende Herz mit Blüten in Rosa und Weiß.

Beispiel 6. Die Scheinhasel, ein Strauch mit zartgelben, vor dem Blattaustrieb erscheinenden Blüten ist leider zu wenig bekannt. Dazu gesellen wir das blaublühende Lungenkraut und purpurviolett blühenden Lerchensporn, sowie Bergenien mit leuchtend-rosafarbenen Blüten und dickfleischigen Blättern. Als Bodendecker verwenden wir die gelbblühende Waldsteinie.

Links: Beispiele 1, 2 und 3 für einen sonnigen Standort im Frühjahr (etwa 4 m² Grundfläche).

Rechts: Beispiele 4, 5 und 6 für einen halbschattigen bis schattigen Standort im Frühjahr (etwa 4 m²).

1

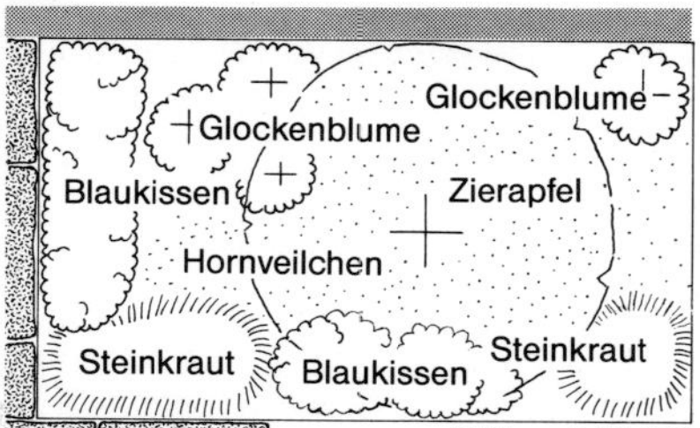

Blütezeit IV–VIII

Stückzahl

1 Zierapfel, Malus-Hybride 'Hillieri'
4 Glockenblume, Campanula persicifolia ssp. sessiliflora (C. grandis) 'Alba'
15 Blaukissen, Aubrieta-Hybride 'Schloß Eckberg'
12 Steinkraut, Alyssum saxatile 'Compactum'
15 Hornveilchen, Viola cornuta 'Hansa'

2

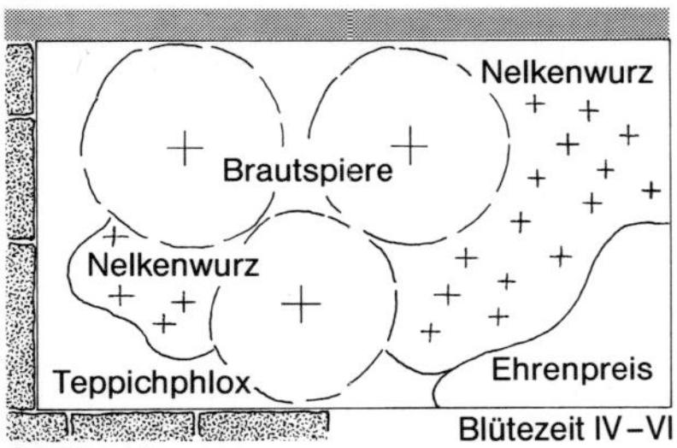

Blütezeit IV–VI

Stückzahl

3 Brautspiere, Spiraea arguta
20 Nelkenwurz, Geum-Hybride 'Georgenberg'
12 Ehrenpreis, Veronica prostrata
15 Teppichphlox, Phlox subulata 'Daniels Cushion'

3

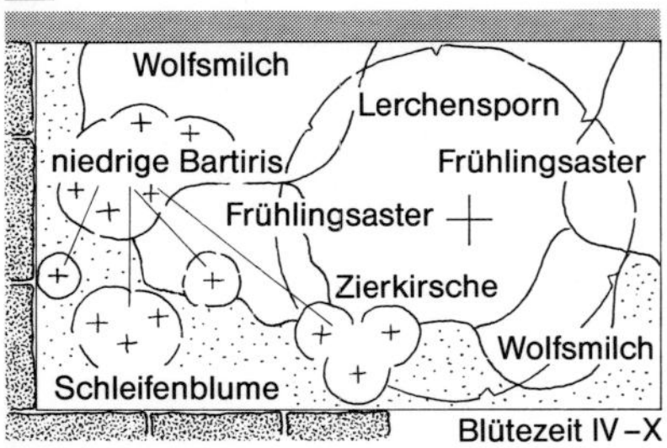

Blütezeit IV–X

Stückzahl

1 Zierkirsche, Prunus sargentii 'Accolade'
20 Schleifenblume, Iberis saxatilis
8 Frühlingsaster, Aster alpinus 'Dunkle Schöne'
7 Wolfsmilch, Euphorbia myrsinites
13 niedrige Bartiris, Iris germanica 'Myras Child' (Barbata-Nana-Gruppe)
5 Lerchensporn, Corydalis lutea

4

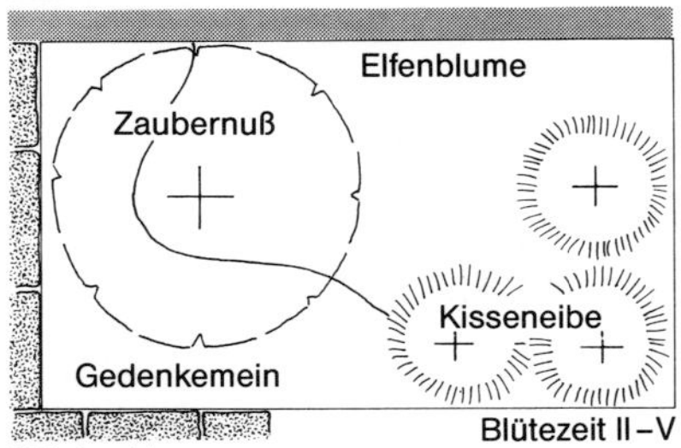

Blütezeit II–V

Stückzahl

1 Zaubernuß, Hamamelis japonica
3 Kisseneibe, Taxus baccata 'Repandens'
20 Gedenkemein, Omphalodes verna
10 Elfenblume, Epimedium grandiflorum 'Rose Queen'
10 Elfenblume, Epimedium pinnatum 'Elegans'
unter Zaubernuß: Blaucrocus, Schneeglöckchen und Iris danfordiae

5

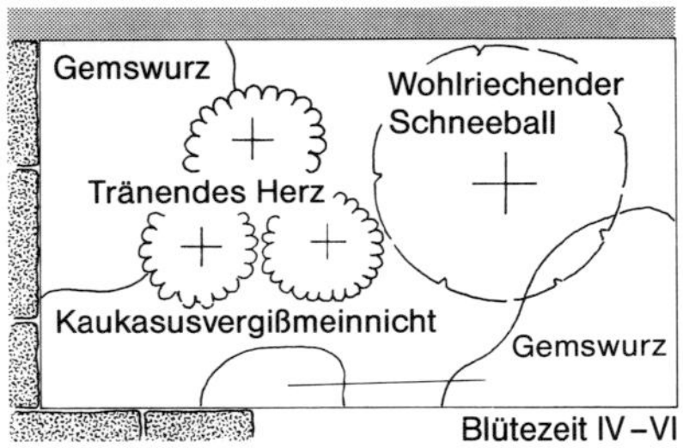

Blütezeit IV–VI

Stückzahl

1 Wohlriechender Schneeball, Viburnum carlesii 'Aurora'
13 Gemswurz, Doronicum caucasicum 'Frühlingspracht'
15 Kaukasusvergißmeinnicht, Brunnera macrophylla
3 Tränendes Herz, Dicentra spectabilis

6

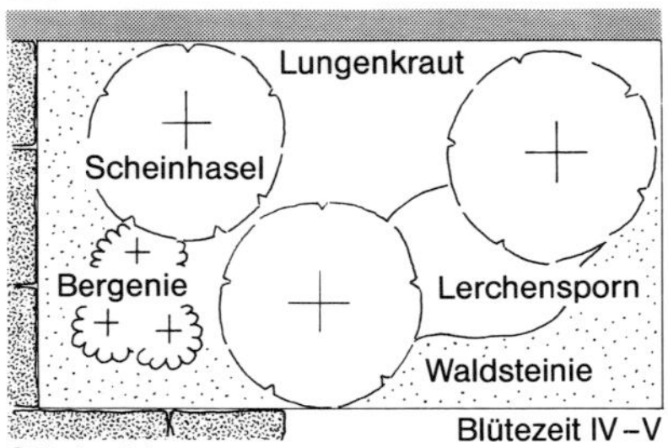

Blütezeit IV–V

Stückzahl

3 Scheinhasel, Corylopsis pauciflora
30 Waldsteinie, Waldsteinia geoides
5 Lungenkraut, Pulmonaria angustifolia 'Azurea'
10 Lerchensporn, Corydalis cava
3 Bergenie, Bergenia cordifolia 'Morgenröte'

Links: Beispiele 7, 8 und 9 für einen sonnigen Standort im Sommer (etwa 4 m²).

Rechts: Beispiele 10, 11 und 12 für einen sonnigen Standort im Herbst (etwa 4 m²).

7

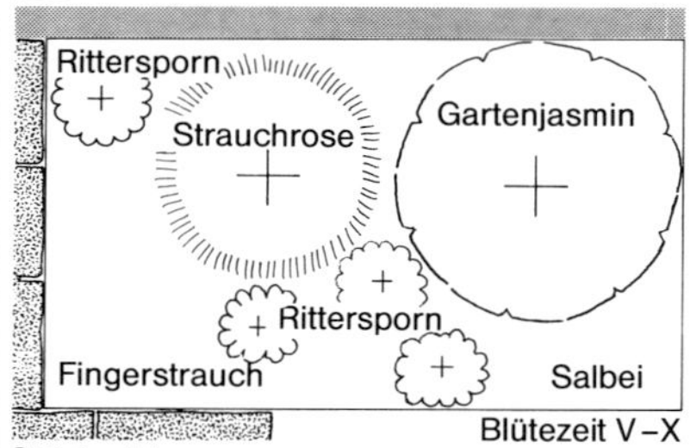

Blütezeit V–X

Stückzahl

1 Strauchrose 'Mozart'
1 Gartenjasmin, Philadelphus-Coronarius-Hybride 'Girandole'
5 Salbei, Salvia nemorosa 'Mainacht'
3 Fingerstrauch, Potentilla fruticosa 'Kobold'
4 Rittersporn, Delphinium-Hybride, je 1 'Finsteraarhorn', 'Jubelruf', 'Berghimmel', 'Traumulus'

8

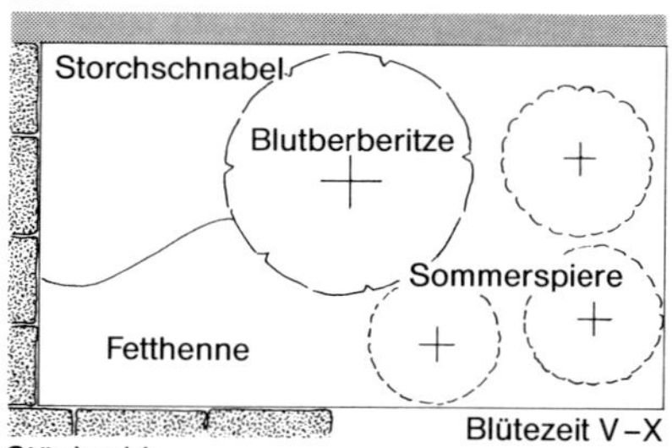

Blütezeit V–X

Stückzahl

1 Blutberberitze, Berberis thunbergii 'Atropurpurea'
3 Sommerspiere, Spirea-Bumalda-Hybride 'Antony Waterer'
15 Fetthenne, Sedum floriferum 'Weihenstephaner Gold'
5 Storchschnabel, Geranium platypetalum

9

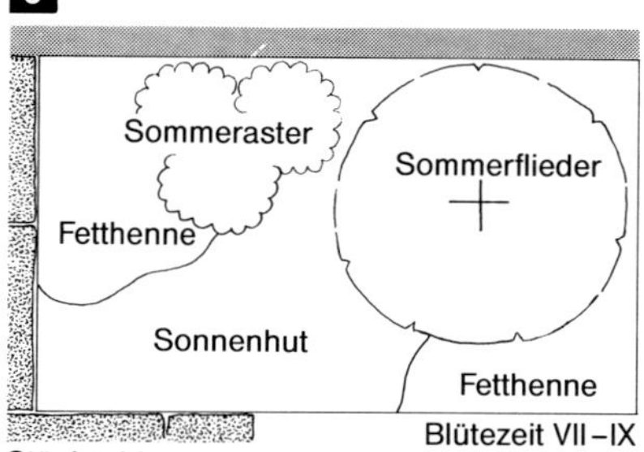

Blütezeit VII–IX

Stückzahl

1 Sommerflieder, Buddleja davidii 'Île de France'
12 Sonnenhut, Rudbeckia fulgida var. sullivantii 'Goldsturm'
3 Sommeraster, Aster amellus 'Lady Hindlip'
10 Fetthenne, Sedum spectabile 'Carmen'

10

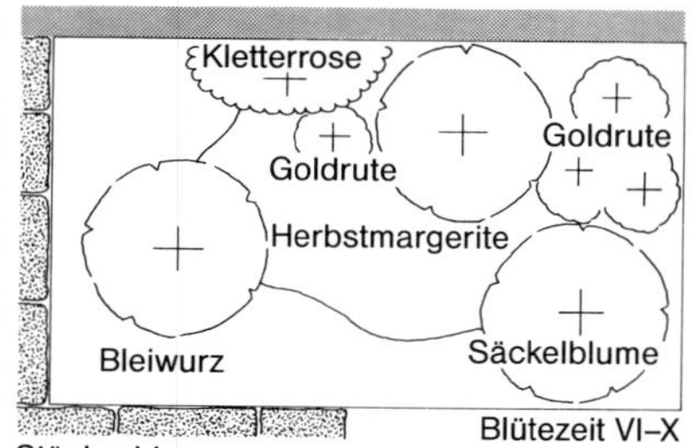

Blütezeit VI–X

Stückzahl

10 Herbstmargeriten, Chrysanthemum arcticum
30 Bleiwurz, Ceratostigma plumbaginoides
3 Säckelblume, Ceanothus-Hybride 'Gloire de Versailles'
4 Goldrute, Solidago-Hybride 'Strahlenkrone'
1 Kletterrose 'Heidelberg'

11

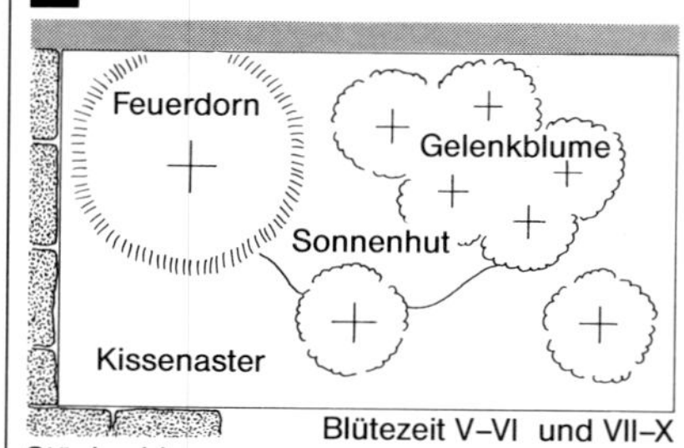

Blütezeit V–VI und VII–X

Stückzahl

1 Feuerdorn, Pyracantha coccinea 'Bad Zwischenahn'
7 Gelenkblume, Physostegia virginiana 'Summer snow'
25 Kissenaster, Aster-Dumosus-Hybride 'Dr. Kippenberg'
5 Sonnenhut, Rudbeckia fulgida var. sullivantii 'Goldsturm'

12

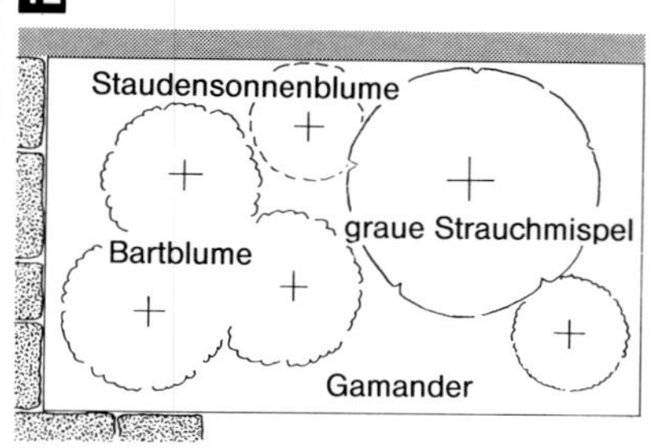

Stückzahl

1 graue Strauchmispel, Cotoneaster dielsianus
1 Staudensonnenblume, Helianthus salicifolius
4 Bartblume, Caryopteris × clandonensis
35 Gamander, Teucrium chamaedrys

Der Treppenaufgang zur Terrasse wurde mit bodendeckenden Rosen bepflanzt.

Sonniger Standort im Sommer

Beispiel 7. Vor dem weißblühenden Gartenjasmin mit gefüllten Blüten leuchten die schlanken Rispen des blauen Rittersporns, ergänzt durch den gelbblühenden Fingerstrauch und den nachtblauen Salbei, dazwischen die Strauchrose 'Mozart' mit rosa-weißen Blütendolden.

Beispiel 8. Wer Freude an rotlaubigen Pflanzen hat, wird an der Kombination der Blutberberitze mit der lange blühenden rosafarbenen Sommerspiere, der gelbblühenden Fetthenne und dem blauen Storchschnabel sicher Gefallen finden.

Beispiel 9. Der Sommerflieder ziert nicht nur mit seinen dunkelvioletten Blütenrispen, sondern ist auch ein Magnet für Schmetterlinge. Darunter wächst der Sonnenhut mit seinen gelben, margeritenförmigen Blüten mit schwarzem Knopf. Dazu gesellen sich eine dunkel-karminrosa blühende Fetthenne und eine rosafarbene Sommeraster.

Sonniger Standort im Herbst

Beispiel 10. Die Säckelblume ist ein Kleinstrauch, der sich durch seine späte und bis zum Frost anhaltende Blüte auszeichnet. Dazu pflanzen wir die weiße Herbstmargerite, die gelbe Goldraute und im Vordergrund die Bleiwurz mit enzianblauen Blüten, deren Laub sich im Herbst leuchtendrot verfärbt. An einer Mauer oder an einem Rankgerüst wächst die rotblühende Kletterrose 'Heidelberg'.

Beispiel 11. Der Feuerdorn schmückt im Mai mit weißen Blüten und bringt im Herbst rote Beeren. Im Vordergrund eine blaue Kissenaster, dahinter der gelbe Sonnenhut und die weißblühende Gelenkblume.

Beispiel 12. Die graublättrige Strauchmispel mit ihrem leicht überhängenden Wuchs bringt im Juni bis Juli weiße bis zartrosa Blütentrauben und im Herbst rote Beeren, dazu kommen die Bartblume mit blauen Blütenrispen, im Hintergrund eine 2,5 m hohe Staudensonnenblume mit weidenartigen Blättern und gelben Blütenköpfen. Am Rand steht Gamander mit rosa-purpurnen Blüten. Diese Pflanze läßt sich streng wie Buchs schneiden.

Halbschattiger Standort im Sommer

Beispiel 13. Die immergrüne Blaublatt-Berberitze bringt im Mai goldgelbe Blüten, daneben blühen im Juli–August rosafarbene und leuchtendrote Astilben. Dazwischen erscheinen die schlanken, hohen Rispen einer weißblütigen Silberkerze.

Links: Beispiele 13, 14 und 15 für einen halbschattigen bis schattigen Standort im Sommer (etwa 4 m²).

Rechts: Beispiele 16, 17 und 18 für einen halbschattigen bis schattigen Standort im Herbst (etwa 4m²).

13

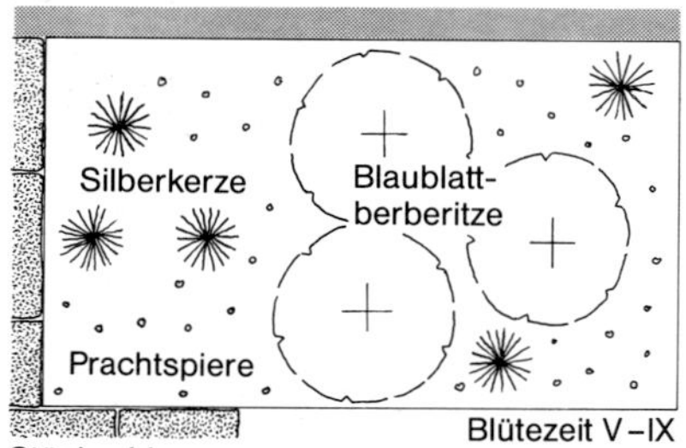

Stückzahl

5 Silberkerze, Cimicifuga racemosa var. cordifolia
3 Blaublattberberitze, Berberis verruculosa
10 Prachtspiere, Astilbe-Arendsii-Hybride 'Glut'
10 Prachtspiere, Astilbe-Arendsii-Hybride 'Anita Pfeifer'

14

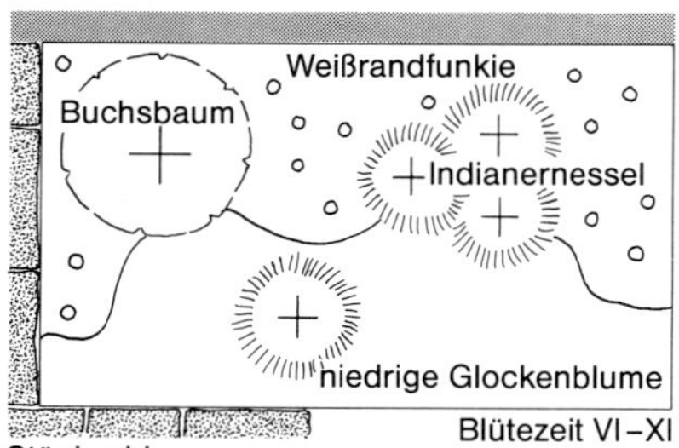

Stückzahl

1 Buchsbaum, Buxus sempervirens var. sempervirens (B.s. var. arborescens)
3 Indianernessel, Monarda-Hybride 'Adam'
1 Indianernessel, Monarda-Hybride 'Prärienacht'
20 niedrige Glockenblume, Campanula poscharskyana 'Blauranke'
10 Weißrandfunkie, Hosta sieboldii (H. lancifolia var. albomarginata)

15

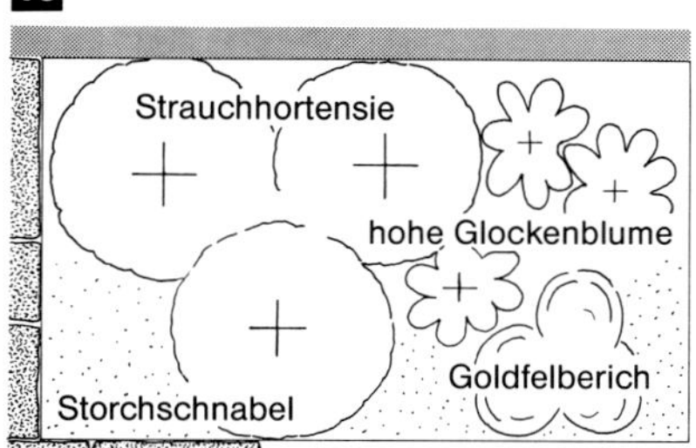

Stückzahl

3 Strauchhortensie, Hydrangea arborescens
3 hohe Glockenblume, Campanula lactiflora 'Lodoon Anne'
20 Storchschnabel, Geranium endresii
3 Goldfelberich, Lysimachia punctata

16

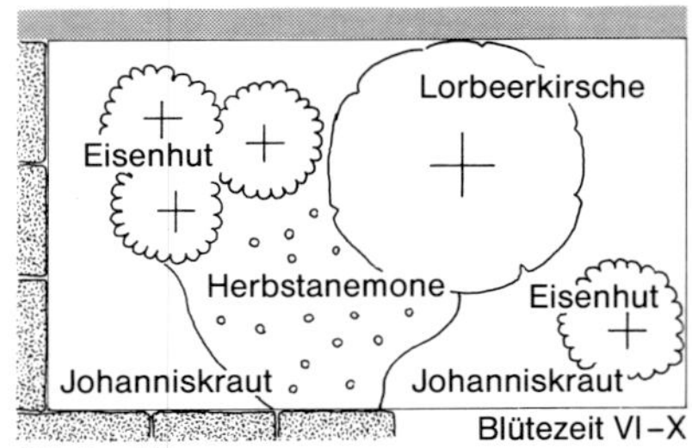

Stückzahl

1 Lorbeerkirsche, Prunus laurocerasus 'Herbergi'
4 Eisenhut, Aconitum carmichaelii (A. wilsonii)
7 Herbstanemone, Anemone-Japonica-Hybride 'Königin Charlotte'
18 Johanniskraut, Hypericum calycinum

17

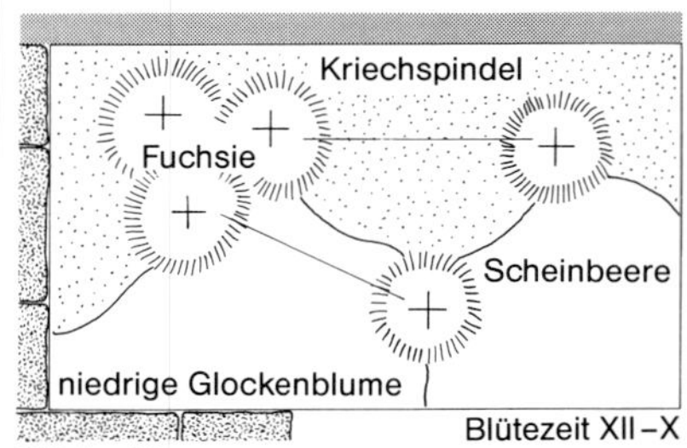

Stückzahl

5 Fuchsie, Fuchsia magellanica
15 niedrige Glockenblume, Campanula portenschlagiana
12 Kriechspindel, Euonymus fortunei 'Emerald'n Gold'
10 Scheinbeere, Gaultheria procumbens

18

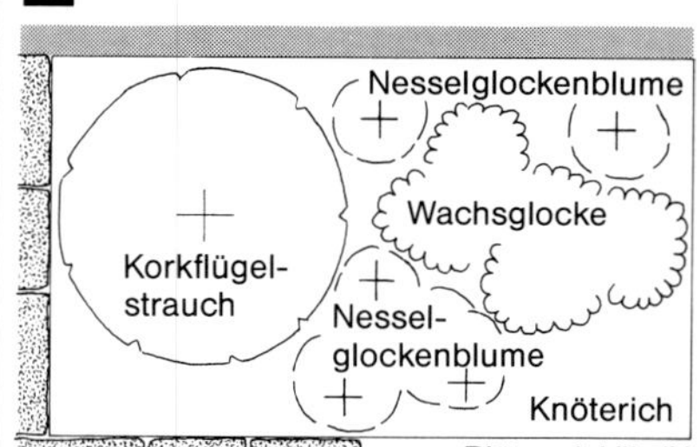

Stückzahl

1 Korkflügelstrauch, Euonymus alata
5 Nesselglockenblume, Campanula trachelium
20 Knöterich, Polygonum affine 'Darjeeling Red'
5 Wachsglocke, Kiringeshoma palmata

Beispiel 14. Kontrast zum immergrünen dunklen Laub des Buchsbaumes bilden die hell gestreiften Blätter der Weißrandfunkie, die zart-lilafarbene Blüten bringt, die Indianernessel mit karminroten und purpurlila Blüten und im Vordergrund eine zartlila, niedrige Glockenblume.

Beispiel 15. Zur cremeweißen Blüte der Strauchhortensie gesellen sich eine zartlila blühende, hohe Glockenblume, der gelbblühende Felberich und der leuchtendrosa Storchenschnabel.

Halbschattiger bis schattiger Standort im Herbst

Beispiel 16. Die weißen Blütenrispen der immergrünen Lorbeerkirsche erscheinen im Mai. Das ebenfalls immergrüne Johanniskraut bringt ab Juni gelbe Blüten, dazu kommen im Herbst die blauen Blütenrispen des Eisenhutes und eine lilarosafarbene halbgefüllte Herbstanemone.

Beispiel 17. Die Freilandfuchsien haben zierliche purpurrote Blüten und blühen vom Juli bis zum Frost, darunter wächst die Kriechspindel mit gelbbuntem Laub. Im Vordergrund stehen violettblaue, niedrige Glockenblumen und die Scheinbeere mit dunkelgrünem Laub. Im Herbst erscheinen ihre roten Beeren, die bis zum Winter halten.

Beispiel 18. Der Korkflügelstrauch hat eine leuchtend-karminrote Herbstfärbung. Zur gelbblühenden Wachsglocke paßt die violettblaue Nessel-Glockenblume und im Vordergrund der tiefrosa Knöterich.

Vollsonniger, trockener Standort

Beispiel 19. Der Sanddorn wächst locker und aufrecht. Er ziert mit seinem silbrigen Laub und den im Herbst erscheinenden orangefarbenen Früchten. (Fruchtbehang nur an weiblichen Pflanzen.) Die dekorative, graue Eselsdistel mit purpurfarbenen Blüten ist zweijährig und benötigt viel Platz. Einen Kontrast bildet der waagerecht ausgebreitete Wuchs des Tamariskenwachholders mit blaugrünen Nadeln. Als Bodendecker verwenden wir hier das in Orangerot blühende Habichtskraut und das gelbblühende Hungerblümchen.

Beispiel 20. Die Frühlingstamariske, ein Großstrauch mit bogig weit ausladenden Ästen, entwickelt im Mai–Juni ihre rosafarbenen Blütenrispen, dazu kommt der gelbblühende Kissenginster. Als Bodendecker dient die Fetthenne mit roten Blüten von August bis September, vereinzelt in der Fläche verteilt wächst Blaustrahlhafer und dazu die flachwachsende Nachtkerze mit ihren großen gelben Blüten.

Standort im vollen Schatten

Beispiel 21. Die Mahonie ziert mit ihrem dunkelgrünen, immergrünen Laub, den

Beispiele 19 und 20 für vollsonnige, trockene Lage (etwa 4m²).

19

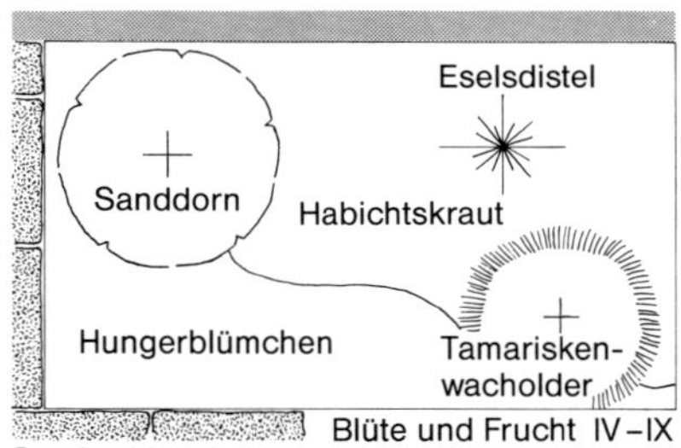

Blüte und Frucht IV–IX

Stückzahl
1 Eselsdistel, Onopordum acanthium
30 Habichtskraut, Hieracium × rubrum
25 Hungerblümchen, Draba bruniifolia
1 Sanddorn, Hippophaë rhamnoides
1 Tamariskenwacholder, Juniperus sabina

20

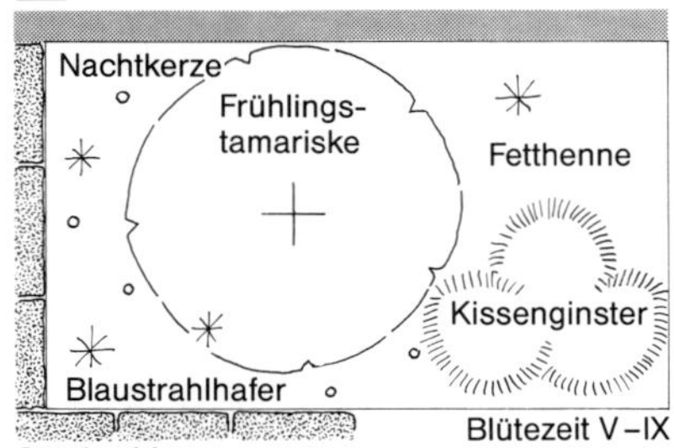

Blütezeit V–IX

Stückzahl
3 Kissenginster, Cytisus decumbens
1 Frühlingstamariske, Tamarix parviflora
5 Nachtkerze, Oenothera missouriensis
4 Blaustrahlhafer,
Helictotrichon sempervirens
30 Fetthenne, Sedum cauticola

Beispiele 21 und 22 für vollen Schatten (etwa 4m²).

21

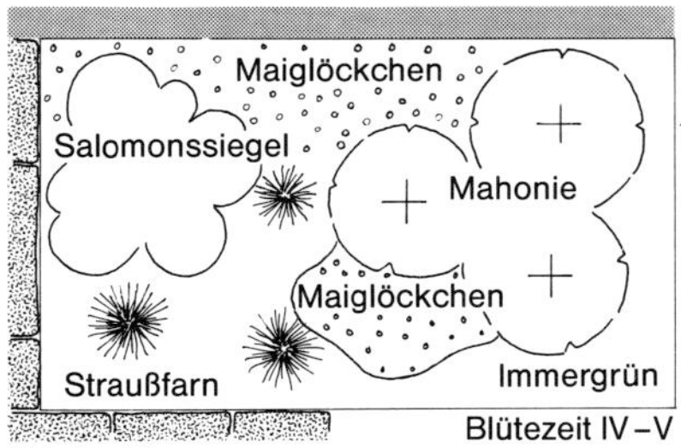

Stückzahl

3 Mahonie, Mahonia aquifolium
3 Straußfarn, Matteuccia struthiopteris
25 Maiglöckchen, Convallaria majalis
5 Salomonssiegel, Polygonatum multiflorum
25 Immergrün, Vinca minor

22

Pflanzen mit unscheinbaren Blüten

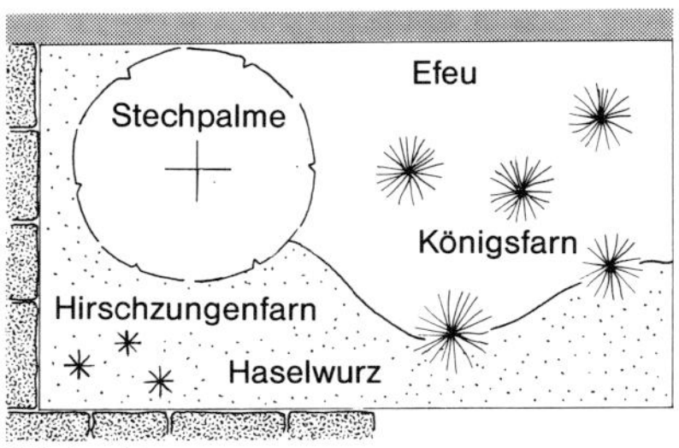

Stückzahl

1 Stechpalme, Ilex aquifolium 'I.C. von Tol'
5 Königsfarn, Osmunda regalis 'Purpurascens'
3 Hirschzungenfarn, Phyllitis scolopendrium
30 Haselwurz, Asarum europaeum
15 Efeu, Hedera hibernica

im April erscheinenden gelben Blütenrispen und den blaubereiften Beeren im Herbst. Dekorativ wirkt der 80 cm hohe Straußfarn. Als Bodendecker greifen wir auf das blaublühende Immergrün zurück. Im Mai blühen der Salamonssiegel mit seinen weißen Blütenglocken und auch das bekannte Maiglöckchen.

Beispiel 22. Diese Stechpalme ist ein immergrüner mehrstämmiger Großstrauch, der im Herbst leuchtendrote Beeren hat. In Gegenden mit harten Wintern ist sie nicht frostsicher. Ersatz: Immergrüne Berberitze *(Berberis julianae)*. Als Bodendekker verwenden wir Efeu und die Haselwurz mit nierenförmigen, lederartigen, frischgrünen Blättern. Hirschzungenfarn und Königsfarn fügen sich gut ein.

Pflanzenkombinationen mit langer Blütezeit auf kleiner Fläche (4 m²)

Eine großflächig angelegte Pflanzung wird immer ansprechender wirken als vielerlei Pflanzen auf kleinem Raum. Es gibt keine Pflanze, die vom frühen Frühjahr bis zum Spätherbst ununterbrochen blüht. Will man eine Dauerblüte auf kleinem Raum erreichen, läßt sich Vielfalt nicht vermeiden, die letztlich das Gesamtbild beeinträchtigt.

Beispiel 23, Sonne. Das Blaukissen beginnt mit der Blüte im April mit seinen blau-violetten Blütenpolstern, dazu kommen das gelbe Steinkraut und blaue Hornveilchen. Es folgen die Frühlingsaster mit tiefvioletten Blüten und die weiße Frühlingsmargerite. Ab Juni bis Herbst blüht der violettblaue Salbei, dazu erscheinen die rote Lichtnelke und später der Sonnenhut mit seinen gelben Margeritenblüten mit schwarzem Knopf. Als Herbstblüher verwenden wir hier die weiße und die zartlilafarbene Gelenkblume.

Beispiel 24, Halbschatten bis Schatten. Das blaublühende Gedenkemein fängt im April mit der Blüte an, gefolgt vom gelbblühenden Gemswurz und den blaublühenden Akeleien. Dann blüht die blaßlilafarbene Weißrandfunkie und von Juli bis zum Frost sind die Fuchsien mit zarten roten Blüten an der Reihe.

Rosen und Begleitpflanzen

Beispiel 25. Neben der weißblühenden Strauchrose 'Schneewittchen' wird die Polyantha-Rose 'The Fairy' mit ihrem niedrigen, überhängenden Wuchs und den lachsrosafarbenen, gefüllten Blüten gepflanzt. Dazu paßt nachtblauer Salbei, rosa Schleierkraut und blaublühender Lavendel mit silbergrauem Laub.

Beispiel 26. Hier dominiert die rote Floribunda-Rose 'Gruß an Bayern'. Zwei rosafarben blühende Hochstammrosen und eine »historische« Strauchrose in zartem Rahmgelb beleben das Bild. Am Rande breitet sich Ziest als silbergrauer Bodendecker aus.

23

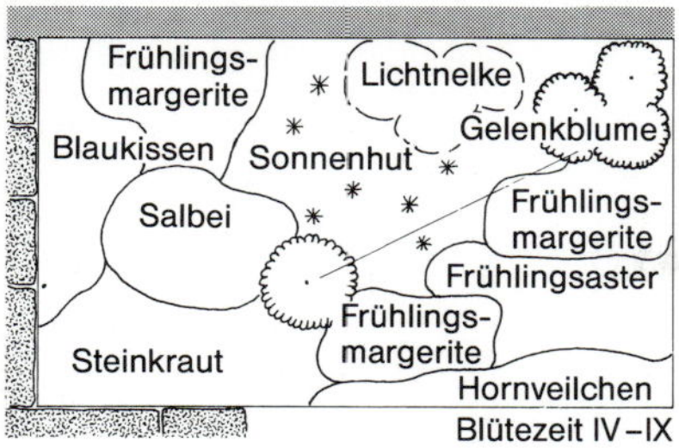

Sonne

Stückzahl

9 Hornveilchen, Viola cornuta 'Hansa'
7 Blaukissen, Aubrieta-Hybride 'Schloß Eckberg'
3 Salbei, Salvia nemorosa 'Ostfriesland'
9 Frühlingsmargerite, Chrysanthemum leucanthemum 'Maistern'
3 Gelenkblume, Physostegia virginiana 'Vivid'
3 Frühlingsaster, Aster alpinus 'Dunkle Schöne'
1 Gelenkblume, Physostegia virginiana 'Summersnow'
3 Lichtnelke, Lychnis chalcedonica
8 Steinkraut, Alyssum saxatile 'Compactum'
7 Sonnenhut, Rudbeckia fulgida var. sullivantii 'Goldsturm'

24

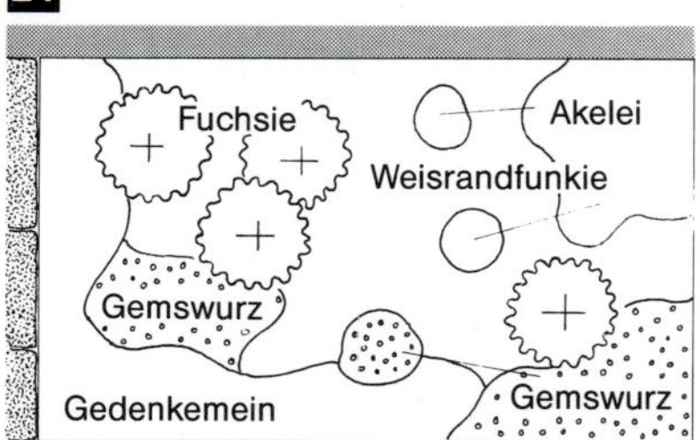

Halbschatten - Schatten

Stückzahl

4 Fuchsie, Fuchsia magellanica 'Gracilis'
18 Gedenkemein, Omphalodes cappadocica
9 Gemswurz, Doronicum orientale (D. caucasium) 'Riedels Lichtspiegel'
10 Weißrandfunkie, Hosta sieboldii
5 Akelei, Aquilegia caerulea 'Mekana'

25

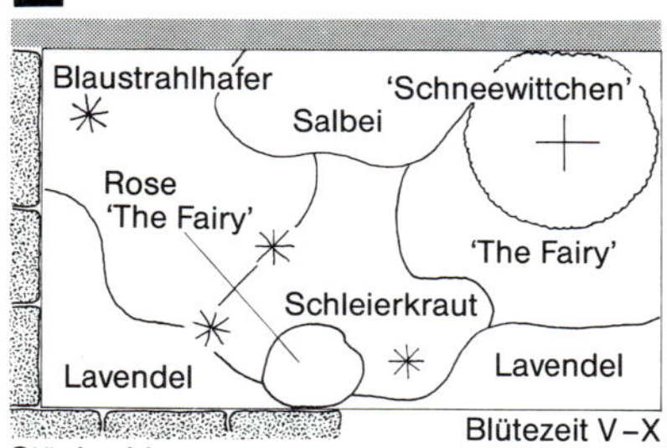

Stückzahl

4 Blaustrahlhafer, Helictotrichon sempervirens
5 Salbei, Salvia nemorosa 'Mainacht'
10 Lavendel, Lavandula angustifolia 'Hidcote Blue'
1 Strauchrose 'Schneewittchen'
15 Polyantha-Rose 'The Fairy'
5 Schleierkraut, Gypsophila repens 'Rosenschleier'

26

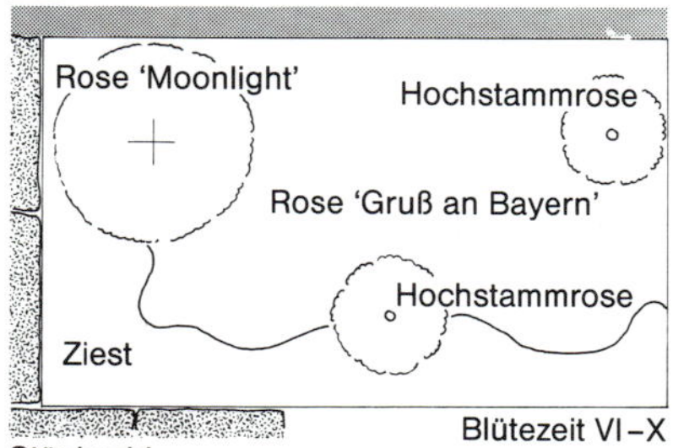

Stückzahl

20 Ziest, Stachys byzantina (S. lanata) 'Silver Carpet'
20 Floribunda-Rose 'Gruß an Bayern'
2 Hochstammrose 'Flamingo' (Edelrose)
1 Strauchrose 'Moonlight' (historische Rose)

Oben: Dekorativ wirkt die Steppenkerze (*Eremurus*).

Links: Beispiele 23 und 24 zeigen Pflanzenkombinationen mit langer Blütezeit auf kleinem Raum ($4m^2$).

Rechts: Beispiele 25 und 26. Rosen und Begleitpflanzen (etwa $4m^2$).

Beispiel 27: Pflanzen am Wasser (etwa 4m²).

27

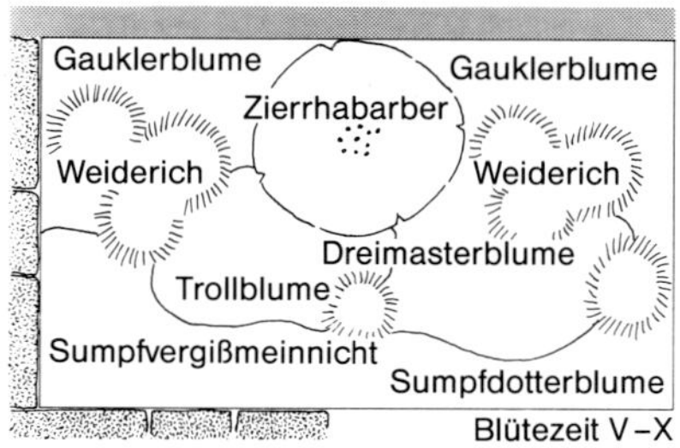

Sonne feuchtes Beet in Wassernähe

Stückzahl

8 Sumpfdotterblume, Caltha palustris 'Multiplex'
10 Sumpfvergißmeinnicht, Myosotis palustris
8 Weiderich, Lythrum salicaria 'Feuerkerze'
1 Zierrhabarber, Rheum palmatum var. tanguticum
10 Gauklerblume, Mimulus luteus
3 Trollblume, Trollius-Hybride 'Goldquelle'
3 Dreimasterblume, Tradescantia-Andersoniana-Hybride 'Zwanenburg Blue'

Beispiel 28: Beet am Wasserbecken (etwa 4m²).

28

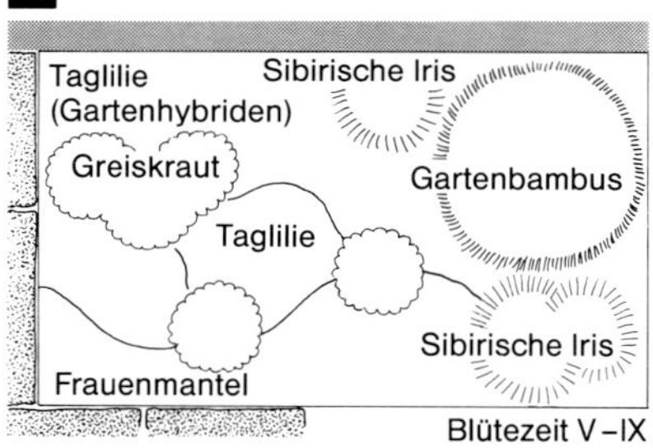

Sonne Beet am Wasserbecken

Stückzahl

3 Gartenbambus, Thamnocalamus spathaceus (Sinarundinaria murielae)
5 Greiskraut, Ligularia stenocephala
4 Sibirische Iris, Iris sibirica 'Blue Cape'
12 Frauenmantel, Alchemilla mollis
3 Taglilie, Hemerocallis minor
3 Taglilie, Hemerocallis-Hybride 'Atlas'
5 Hemerocallis-Hybride 'Sammy Russel'
3 Hemerocallis-Hybride 'Pink Damask'

Pflanzen am Wasser

Beispiel 27, feuchtes Beet in Wassernähe, Sonne. Im Mai blüht die gelbe Sumpfdotterblume mit gefüllten Blüten. Dazu kommen das leuchtendblaue Sumpfvergißmeinnicht mit seiner bis zum Herbst anhaltenden Blüte und dahinter die Trollblume mit gelborangen, kugeligen Blüten. Am Rand wächst die gelbblühende Gauklerblume; sie blüht von Juni bis September. Dominierend ist hier der dekorative Zierrhabarber mit seinen großen Blättern und den 2 m hohen Blütenständen. Daneben pflanzen wir die Dreimasterblume mit blauen Blüten und in der Fläche verstreut den Weiderich mit seinen leuchtend-rosaroten, schlanken Blütenständen, die ebenfalls von Juli bis September blühen.

Beet am Wasserbecken

Beispiel 28, Sonne. Der Gartenbambus mit seinen rohrartigen, harten Stengeln und dem grasartigen immergrünen Laub wird hier dominieren. Zur früh blühenden gelben, kleinen Taglilie gesellt sich die Sibirische Iris mit ihrem schmalen zarten Laub und zierlichen blauen Blüten. Im Anschluß daran blüht das Greiskraut mit schmalen hohen, gelben Blütenrispen und dazu öffnen sich orange- oder rosafarbene sowie hellgelbe Taglilien. Am Rand wächst der Frauenmantel mit graugrünem, dekorativem Laub und hellgelben Blüten.

Sichtschutz mit Gehölzen

Ein ideales Sichtschutzgehölz sollte in der Jugend schnell wachsen und dichtes Laub entwickeln, nach einigen Jahren aber das rasche Breiten- und Höhenwachstum einstellen, möglichst schlank bleiben, auf schlechten Böden gedeihen, wenig Pflege erfordern, attraktiv aussehen und möglichst wenig kosten. Leider entspricht kaum ein Gehölz allen diesen Anforderungen. Kleine Bäume wie Vogelbeere *(Sorbus)* oder Weißdorn-Arten *(Cratae-*

gus) wachsen in der Jugend langsam, Weiden *(Salix)* dagegen sehr schnell. Alle entwickeln sich aber zu beachtlicher Höhe.

Laubabwerfende Gehölze

Ist in Sitzplatznähe genügend Platz vorhanden, kommen freiwachsende Sträucher in Betracht. Wenig beachtet wird, daß manche blühenden Arten auch als geschnittene Hecken gezogen werden können, ihre volle Schönheit entwickeln sie allerdings nur bei freiem Stand.

Geschnittene Hecken

Außer den bekannten Hainbuchen *(Carpinus betulus)* und Liguster *(Ligustrum)* kommen die folgenden Gehölze in Betracht.

Feldahorn *(Acer campestre)*. Er verträgt jeden Schnitt, auch trockenen Standort und Halbschatten.

Kornelkirsche *(Cornus mas)*. Das kalkliebende, anspruchslose, mit dichten Zweigen besetzte Gehölz blüht auch bei Schnitt.

Weißdorn *(Crataegus crus-galli, C. × lavallei, C. prunifolia)*. Die Weißdorn-Arten wachsen zwar nach der Pflanzung nicht besonders schnell, bilden aber später schöne, dichte Hecken. Sie sind frosthart, industriefest und haben gesundes Laub.

Forsythie *(Forsythia intermedia)*. Sie blüht auch als streng geschnittene Hecke reichlich und gibt mit dem dichten Laub einen guten Sichtschutz.

Wintergrüne Arten

Schneeball *(Viburnum rhytidophyllum)*. Der runzelblättrige Schneeball wächst etwas langsam, entwickelt aber die dichtesten Sichtschutzhecken. Er hält von allen Pflanzen am besten Staub und Lärm ab, verlangt aber auch als geschnittene Hecke mehr Platz als andere Arten und blüht bei Schnitt weniger.

Feuerdorn *(Pyracantha coccinea)*. Besonders in warmen Lagen wachsen die Feuerdorn-Arten rasch und können durch Schnitt in Form gehalten werden.

Bambus *(Sinarundinaria nitida* syn. *Arundinaria nitida* und *Thamnocalamus spathaceus* syn. *Sinarundinaria muriele)* bildet Horste und keine Ausläufer. Das Gras mit meist wintergrüner Belaubung eignet sich als Sichtschutz.

Koniferen

Lärche *(Larix decidua, L. kaempferi)*. Man kann sie gut zu strengen Hecken schneiden. Stauende Nässe verträgt sie auf Dauer schlecht. Die Japanische Lärche *(L. kaempferi)* verlangt etwas mehr Luft- und Bodenfeuchtigkeit als die europäische Art.

Lebensbaum *(Thuja)*. Es gibt *Thuja*-Sorten, die dicht-säulenförmig wachsen, ohne Schnitt formbeständig bleiben und im Winter ihre glänzendgrüne Farbe behalten. Es sind die Sorten *Thuja occidentalis* 'Columna' und 'Smaragd'.

Eibe *(Taxus baccata)*. Besonders für schattige Lagen ist die Eibe geeignet. Sie hat eine hohe Regenerationsfähigkeit und ist deshalb sehr schnittverträglich.

Diese Beispiele bilden nur eine Auswahl und sollen zu Überlegungen Anreiz bieten, vielleicht einmal etwas anderes zu pflanzen als das allgemein Übliche.

Rosen und Begleitpflanzen

An sonnigen Terrassen findet man häufig Rosenbeete, meist sind sie mit einer Sorte »gepflastert«. Festgefahrene Ansichten über Rosenanpflanzungen lassen sich offenbar nur schwer überwinden, so zum Beispiel die Meinung, daß Rosen für sich getrennt stehen müssen, daß sie offenen Boden brauchen (eine »Baumscheibe« um die Pflanze genügt) und daß jährliches Umgraben erforderlich ist. Sicher können große Rosenbeete sehr hübsch wirken, wenn eine farbliche Fernwirkung angestrebt wird. Wie in allen Monokulturen ist die Gefahr, daß sich tierische Schädlinge und Pilzkrankheiten ausbreiten, aber groß, denn die Pflanzen stecken sich gegenseitig an. Bei der Vielzahl wunderschöner Beetrosen-Sorten fällt die Wahl oft schwer. Will man mehrere Farbtöne haben, kann man die Pflanzung mit einem unregelmäßig gepflanzten, durchgehenden Band weißblühender Rosen verbinden und zusammenhalten. Aufgelockert mit Gräsern und Gruppen blaublühender Stauden wie Salvien (*Salvia nemorosa* 'Ostfriesland', 'Mainacht', 'Blauhügel') oder Lavendel, erzielt man schöne Farbeffekte.

In einer Pflanzengemeinschaft mit Gehölzen, Stauden und Gräsern ist die Ansteckungsgefahr zwischen den einzelnen Rosensträuchern geringer, und die Ausstrahlungskraft der Rosen kommt besonders zur Geltung. Vor einem großen Durcheinander sollte man sich aber hüten. Entweder muß die Rose dominieren, oder sie tritt gegenüber den Begleitpflanzen deutlich zurück. Man setzt mit ihr dann nur Farbtupfer in die Stauden- und Gehölzpflanzungen.

Besonders gut passen zu Rosen blau-, lila- und weißblühende Pflanzen mit silber- oder graugrünem Laub.

Einige Beispiele

Eine alte, aber immer wieder beeindrukkende Kombination sind rote Rosen, weiße Lilien, blauer Rittersporn und – sparsam – dazugesellte gelbe Schafgarben (*Achillea filipendulina* 'Parker'). Auch weiße Margeriten *(Chrysanthemum maximum)* passen dazu. Verhältnismäßig pflegeleicht ist eine flächige Pflanzung von Hornkraut *(Cerastium bierbersteinii)* oder Perlpfötchen *(Anaphalis triplinervis)*, beide haben silbergraues Laub und weiße Blüten. Dazu setzt man Gruppen leuchtendroter Rosen, beschirmt von der weißblühenden Strauchrose 'Schneewittchen'. In den silbergrauen Teppich pflanzt man jeweils in Gruppen noch Lavendel *(Lavandula)* und Schleierkraut *(Gypsophila)*.

Zu rosafarbenen Rosen paßt ein Teppich aus blaublühenden Hornveilchen *(Viola cornuta)*, ergänzt durch einige Exemplare des Blaustrahlhafers *(Avena sempervirens)* oder des Lampenputzergrases (*Pennisetum compressum* 'Hameln') und Schleierkraut *(Gypsophila)*.

Eine etwas ausgefallene Zusammenstellung ist flächig gepflanzte Katzenminze *(Nepeta × faassenii)* mit Gruppen roter Rosen, dazu kommen Horste von Edeldisteln (*Eryngium alpinum* 'Opal'), zusammen mit Lilien (*Lilium*-Trigrinum-Hybriden 'Yellow Star').

Rosen 'Dalli-Dalli' in Nachbarschaft mit Stauden (Salbei, Fetthenne).

Eine hübsche Zusammenstellung bilden auch Rosen 'The Fairy', Lavendel (*Lavandula* 'Hidcote Blue'), Schleierkraut (*Gypsophila* 'Rosenschleier'), Salvien (*Salvia nemorosa* 'Mainacht'), am Beetrand Blaukissen (*Aubrieta*-Hybriden 'Dr. Mules' und 'Schloß Eckberg'). Auch das einjährige Schleierkraut *(Gypsophila elegans)* kann im Rosenbeet ausgesät werden.

Lavendel ist nicht nur eine schöne Begleitpflanze für Rosen, der Duft mindert auch den Befall durch Blattläuse und ein vorzüglicher Rosendünger sind im Wurzelbereich eingebrachte Bananenschalen, zwei »Bio-Tips«.

»Schneckensichere« Pflanzen

Die Schneckenplage hat in den letzten Jahren so zugenommen, daß man manche Stauden nur hinter Schneckenzäunen hochbringt, oder die Schnecken ständig absammeln bzw. chemische Bekämpfungsmittel einsetzen muß. Eine Alternative bilden Pflanzenarten, die nicht oder doch verhältnismäßig selten abgefressen werden, so daß man ohne »Schneckentrauma« sein Staudenbeet am Sitzplatz genießen kann. Die nachstehend aufgeführte Pflanzenliste ist sicher unvollständig, und die »Resistenz« der Pflanzen gegenüber Schnecken schwankt auch regional. Unsere Liste stützt sich auf Erfahrungen, die im bayrischen Voralpenland gemacht wurden.

Schnecken verschmähen alle Staudengeranien (*Geranium*-Arten). In dieser Pflanzengattung gibt es so viele Arten und Sorten mit schönem, dekorativem Laub und Blüten in weißen, blauen, rosa und lila Farbtönen und in verschiedenen Wuchshöhen, daß die Wahl schwerfällt. Gute Staudengärtnereien führen ein breites Sortiment und beraten die Kunden. Alle Staudengeranien wachsen in Sonne und Halbschatten, die Blütezeit kann durch das Pflanzen verschiedener Arten von Mai bis Oktober ausgedehnt werden.

Storchschnabel *(Geranium)*, hier einmal in Weiß und Lila, können als »schneckensicher« gelten.

Geranium-Arten eignen sich auch zur Bepflanzung von Böschungen und passen vor oder zwischen Gehölze.

Zu Geranien paßt Frauenmantel *(Alchemilla mollis)*, dessen grüngelbe Blütenstände eine schöne Ergänzung in bunten Sträußen sein können.

Prachtspieren (Astilben) schmecken den »Viechern« auch nicht. Sie gehören zu den Stauden, die auch vor und nach der Blüte »ordentlich« aussehen (im Gegensatz etwa zu Rittersporn oder Lupinen). Ihre Rispen ergeben haltbare Schnittblumen.

Auch der hohe Geißbart *(Aruncus dioicus)*, eine anspruchslose, prächtige und langlebige Staude, kann unbesorgt verwendet werden.

Der Goldfelberich *(Lysimachia punctata)* stellt wenig Ansprüche an Boden und Licht, ist wüchsig und blüht mit seinen goldgelben, sternförmigen Blüten, die in den Blattachseln der bis 80 cm hohen Stengeln sitzen, außerordentlich reich und lange.

Gut halten sich auch die Nelkenwurz-Arten *(Geum)* mit ihren immergrünen Blattrosetten. Gleiches gilt für das Purpurglöckchen *(Heuchera)*, mit hellrosafarbenen bis scharlachroten, eleganten Rispen.

Auch Stockrosen *(Althaea)*, Herbstanemonen *(Anemone japonica)*, Katzenminze *(Nepeta)* und Lavendel *(Lavandula)* scheinen die Schnecken nicht zu mögen, ebenso die niedrige Glockenblume *Campanula poscharskyana* 'Blauranke', während andere, vor allem die höheren Glokkenblumen-Arten befallen werden.

Der gelbe Lärchensporn *(Corydalis lutea)* ist als Einzelpflanze nicht sehr langlebig, samt sich aber reichlich aus und nimmt mit kargem Boden und selbst mit Mauerritzen vorlieb. Diese unermüdlich blühende Pflanze ist besonders für naturnahe Beete zu empfehlen, wo die Sämlinge stehen bleiben können. In »gepflegten« Pflanzungen wird er öfter als lästig empfunden. Akeleien *(Aquilegia)* und Silberkerzen *(Cimicifuga)* können unbesorgt gepflanzt werden. Von den Greiskraut-Arten eignet sich *Ligularia przewalskii* in verschiedenen Sorten, während andere, großblättrige Arten der Gattung *Ligularia* fast als Schneckenfutter gelten können. Sie werden mit Vorliebe restlos vertilgt, oft in einer Nacht.

Duftpflanzen

»Eine Gemeinschaft mit Pflanzen ohne süße und aromatische Düfte ist wie ein Schiff ohne Steuer. Es treibt dahin, aber etwas ist da, was man schmerzlich vermißt.« (Roy Genders)

Das Verlangen nach Wohlgerüchen ist so alt wie die menschliche Kultur. Schon vor 5000 Jahren verstanden es die Ägypter, Aromastoffe aus Pflanzen zu gewinnen. Weihrauch gehörte im 3. Jahrtausend v. Chr. zu den wichtigsten Handelsartikeln. Man legte Duftgärten an, denn man war sich der Besonderheit pflanzlicher Düfte stärker bewußt als heute. Ludwig XIV. ließ für Madame de Montespan im Park von Versailles ein chinesisches Teehaus, das Trianon de porcelaine, errichten, dessen Wände mit weißen und blauen Kacheln bedeckt waren. Auch im Garten davor waren Sitzgelegenheiten und Vasen blau und weiß bemalt. Unter der Fülle der Blumen fanden sich besonders viele duftende Pflanzen – Nelken, Hyazinthen, Jasmin, Orangen und Tuberosen. Im Inneren des Schlößchens befand sich das Cabinet de parfum, wo man die Düfte der Blumen mischte, bis sie einen raffinierten Einklang ergaben. Als 1686 chinesische Gesandte in Versailles zu Gast waren, bestaunten sie dieses Kabinett ganz besonders, »denn sie liebten die starken Düfte und bewunderten die Art, mit Blumen zu parfümieren«.

Unsere Gärten sind als *Schau*gärten fürs Auge geplant. Die Düfte sind zwar willkommen, bilden oft aber nur zufällige Beigaben. Unsere Urgroßmütter sammelten noch Blätter von Rosen und anderen Duftpflanzen in Potpourri-Vasen und die mit Geißblatt umrankte Gartenlaube war ein beliebter Treffplatz für Liebespaare. Wissenschaftlich läßt es sich kaum erklären, weshalb Düfte auf den Menschen so beglückend wirken. Die Geruchsstoffe einiger Pflanzen werden auch heute zur Heilung bestimmter Krankheiten verwendet, zum Beispiel wenn wir Kamilledämpfe einatmen. Auch Duftkissen, gefüllt mit wohlriechenden, getrockneten Blüten, gibt es wieder, sie sollen zu einem erholsamen Schlaf verhelfen. Mit Lavendel gefüllte Beutelchen werden als Schutz vor Motten in den Kleiderschrank gehängt oder zwischen Wäschestücke gelegt.

Leider wurde der Duft der Pflanzen bei der Züchtung über viele Jahre hinweg vernachlässigt. In chinesischen Gärten dagegen wurden die Duftpflanzen früher so ausgesucht und gepflanzt, daß sie sogar abgestimmt auf die unterschiedlichen Tageszeiten mit ihrem Wohlgeruch erfreuten. Wenn heute chinesische Gartenarchitekten in den Westen kommen und beispielsweise eine Bundesgartenschau besuchen, erschrecken sie über die Duftlosigkeit unserer Blumen. Sie bewundern zwar die Farbigkeit, Größe und Vielfalt unserer Züchtungen; in ihren Augen wiegt das aber das Fehlen des Duftes

Ausgesprochen dekorativen Wert besitzt so eine abwechslungsreiche Staudenpflanzung.

nicht auf. Chinesische Pflanzenfreunde gehen bei Sonnenaufgang in den Garten, um den Duft sich öffnender Blüten »zu schmecken« und genießen das Mondlicht am Abend, das »die Blumen duften läßt«.

Bei uns galten lange Widerstandsfähigkeit sowie die Größe und Farbe der Blüten als die wichtigsten Züchtungsziele. Mit der zunehmenden Verschlechterung der Luft durch Chemie, Technik und Verkehr wächst das Bedürfnis nach guten Gerüchen.

Duftende Pflanzen erscheinen gerade in der Nähe eines Sitzplatzes sinnvoll, weil wir in aller Ruhe die Wohlgerüche genießen können. Besonders nach einem Arbeitstag in der verpesteten Luft unserer Großstädte werden wir mit Wohlbehagen tief durchatmen. Es spielt dabei keine Rolle, ob die lebendigen Duftspender in Töpfen oder Beeten wachsen. Ein passender Standort ist nämlich bei einiger Überlegung und Artenkenntnis immer zu finden.

Man unterscheidet bei Duftpflanzen zwischen Blüten- und Blattduftern. Bei den Blattduftern werden die Aromastoffe durch Berühren oder Reiben freigesetzt. Alle in den Pflanzen enthaltenen ätherischen Öle entfalten sich bei warmer Witterung stärker als bei kühler.

Rosen

Alte, sogenannte historische Rosen, werden besonders wegen ihres intensiven Duftes wieder vermehrt und häufiger gepflanzt. Aber auch unter den neueren Züchtungen gibt es Sorten mit wunderbarem Blütenduft. In den einschlägigen Katalogen wird auf die Intensität des Duftes hingewiesen, so daß bei Rosen sicher kein Wunsch unerfüllt bleibt. Besonders intensiv duften die folgenden Sorten.

Kletterrosen
'Compassion', rosafarben
'Goldfasan', gelb
'Ilse Krohn superior', weiß
'New Dawn', rosafarben
'Gruß an Heidelberg', rot
'Sympathie', rot
Beetrosen
'Margaret Merill', weißrosafarben
'Prominent', ziegelrot
'Alecs Red', kirschrot

Storchschnabel eignen sich auch zur Böschungsbepflanzung.

'Hidalgo', blutrot
'Oklahoma', dunkelrot
'Evening Star', weiß
'Friesia', gelb

Blattduftende Rosen

Rosa rubiginosa, die Schottische Zaun- oder Apfelrose, duftet besonders nach Regenfällen.

Gehölze

Fliederduft gehört zum Frühling. Die veredelten Sorten haben einen etwas sparrigen Wuchs im Gegensatz zu einigen Wildfliederarten, die graziös überhängen und herrlich duften.

Einige empfehlenswerte Arten sind *Syringa × swegiflexa, S. reflexa, S. × chinensis* 'Saugeana', *S. microphylla* u.a. Auch der niedrigbleibende Zwergflieder *(S. patula)* duftet, so daß man auch bei beschränkter Pflanzfläche nicht auf Flieder verzichten muß.

Einige Schneeballsorten blühen schon sehr früh, manchmal schon im Winter. Ihr Duft ist unübertroffen. Die Frühblüher sind *Viburnum × bodnantense* und seine Sorte 'Dawn', ebenso *V. farreri.* Etwas später blühen *Viburnum × burkwoodii* und *V. × carlcephalum.*

Duftschneebälle vertragen auch Halbschatten, ebenso wie die Zaubernuß *(Hamamelis)*, die ihre zarten duftenden Blüten im Spätwinter entfaltet.

Der Geruch des Falschen Jasmins oder Pfeifenstrauchs *(Philadelphus)* gehört zum Frühsommer. Es gibt niedrige und hochwachsende Sorten, einfach- und gefülltblühende. Mit Ausnahme des bis zu 5 m hoch werdenden Parkjasmin *(Philadelphus inodorus* var. *grandiflorus)* duften sie alle mehr oder weniger stark.

Regelmäßiges Auslichten durch Herausnehmen alter Zweige vom Boden her ist unerläßlich, damit der Pfeifenstrauch üppig blüht und sich nicht zu einem wenig schönen Dickicht entwickelt.

Der im Sommer blühende Sommerflieder *(Buddleja davidii)* lockt durch seinen Duft Bienen und Schmetterlinge an, die man vom Sitzplatz aus geruhsam beobachten kann. Als Einzelstrauch besonders empfehlenswert ist die graziös überhängende *Buddleja alternifolia.* Die zierlichen Zweige sind im Juni dicht mit lilafarbenen Blüten besetzt.

Auch unter den Zierkirschen und Zieräpfeln gibt es duftende Arten, bei den Kirschen die japanische Blütenkirsche *Prunus serrulata* 'Mount Fuji', bei den Äpfeln *Malus floribunda, M. coronaria* und *M. hupehensis.*

Blaue Farbtöne passen gut zu Rosen. Zu den sonnenliebenden und duftenden Halbsträuchern gehören außer Lavendel *(Lavandula)* in Sorten auch die Bartblume *(Caryopteris)* und der Silberstrauch *(Perovskia abrotanoides).*

Stauden und Zwiebelgewächse

Zahlreich sind die duftenden Arten bei Stauden und Zwiebelgewächsen. Wir erwähnen nur einige Beispiele. Als duftende Frühlingsboten, die verwildern dürfen, pflanzen wir zum Beispiel das Duftveilchen *(Viola odorata)* oder im lichten Schatten von Gehölzen Maiglöckchen *(Convallaria majalis).* Auch Waldmeister *(Galium odoratum)* breitet sich an passenden Plätzen aus.

Dekorative Königskerzen wurden vor blauen Salbei und roten Rosen gepflanzt, in einen Teppich aus Stachelnüßchen.

Im späten Frühjahr blühen Pfingstrosen (*Paeonia*-Lactiflora-Hybriden) in vielen Farbnuancen. Ältere, aber immer noch im Handel befindliche Sorten duften besonders schön wie 'Festiva Maxima' (weiße Blüte), 'Monsieur Jules Elie' (lilarosa), 'Lord Aveburg' (rot) und 'La Perle' (silbrig-rosafarben und starkduftend). Eine sehr altmodische Staude mit wunderbarem Duft ist die in Lila und Weiß blühende Nachtviole *(Hesperis matronalis)*. Eigentlich ist sie eine zweijährige Pflanze, bei rechtzeitigem Rückschnitt nach der Blüte treibt sie aber im folgenden Jahr willig wieder aus.

Karl Foerster sagte: »Ein Garten ohne Phlox ist ein Irrtum.« Es fehlt etwas im sommerlichen Garten, wenn der Duft von *Phlox paniculata* fehlt. Es gibt frühe, mittelfrühe und späte Sorten in vielen Farben, so daß wir den Wohlgeruch lange genießen können. Die Blüte der einzelnen Sorten läßt sich verlängern, wenn im Juni etwa ein Drittel der jungen Triebe gekürzt wird. Die verbliebenen Seitenknospen treiben dann etwas später aus.

Auch unter den Taglilien (*Hemerocallis* in Arten und Sorten) gibt es zartduftende Pflanzen, zum Beispiel die *Hemerocallis*-Hybriden 'Love' (lavendelfarben), und 'Lexington' (hellgelb). Duftende Wildarten sind *Hemerocallis citrina* (zitronengelb) und *H. middendorffii* (dottergelb). Unter den Schwertlilien duftet die Grasblättrige Schwertlilie *(Iris graminea)*. Sie wird etwa 40 cm hoch und ist sehr anspruchslos.

Am Rand eines Staudenbeetes können oft Polsterstauden gepflanzt werden. Verschiedene ausdauernde Nelkenarten, deren graugrüne Polster auch ohne Blüten hübsch aussehen, gehören dazu. Intensiven Nelkenduft haben die Federnelken *(Dianthus plumarius)* in Sorten mit weißen oder zartrosa bis roten Blüten.

Eine langlebige Staude, die Sonne, Wärme, Trockenheit und kalkhaltige Böden bevorzugt, ist der Brennende Busch *(Dictamus albus* mit rosafarbenen Blüten und die weißblühende Sorte 'Albiflorus'. Seine Blätter und Fruchtstände enthalten ätherische Öle, die an heißen, windstillen Tagen entzündet werden können, ohne daß die Pflanze verbrennt.

Zwiebelgewächse. Wer wartet nicht im Frühling auf den Duft der Hyazinthen oder der Dichternarzissen *(Narcissus poeticus)*? Es gibt ein hübsches Gedicht eines persischen Dichters aus dem 13. Jahrhundert n. Chr.

Graziöse lilienblütige Tulpen zieren das Staudenbeet.

Sind deine ird'schen Güter ganz
entschwunden,
hast du in deinen Schätzen nur zwei
Brote noch gefunden,
verkaufe eins davon, und kauf von
dem Erlösten
dir Hyazinthen, daß sie deine Seele
trösten. (Mossleh od-Din Saadi)

Im Sommer betört uns Lilienduft. Es gibt Sonne und Halbschatten liebende Arten. Lilien wachsen gerne in Gemeinschaft und gedeihen besser, wenn man mehrere Zwiebeln zusammenpflanzt.

Pflanzen mit unangenehmem Geruch

Über Geschmack soll man nicht streiten, auch über angenehme und unangenehme Gerüche nicht. Richten wir uns hier also nach der »Meinung der Mehrheit« bei der Aufzählung unangenehm riechender Pflanzen, die nicht in unmittelbarer Nähe eines Sitzplatzes stehen sollten.

Der Ginkgo-Baum *(Ginkgo biloba)* ist ein Relikt prähistorischer Baumarten, wie sie vor 180 Millionen Jahren im Gebiet von Mitteleuropa wuchsen. Er wird trotz seiner sommergrünen Blätter, die sich im Herbst wunderschön goldgelb färben, zu den Nadelhölzern gerechnet. Der Ginkgo ist zweihäusig, das heißt es gibt weibliche und männliche Exemplare. Aus den unscheinbaren Blüten der weiblichen Bäume entwickeln sich mirabellenartige, eßbare Früchte mit fleischiger Schale. Leider gehen sie nach der Reife sehr schnell in eine übelriechende Gärung über. Der schlanke Wuchs des Baumes, seine Strahlungsfestigkeit, die ihn auch an heißen Plätzen gedeihen läßt, und vor allem seine Besonderheit als Konifere mit Blättern lassen ihn auch als Hausbaum geeignet erscheinen. In der Baumschule sollte man aber ausdrücklich nach männlichen Exemplaren fragen.

Die Blüten des Liguster *(Ligustrum)* werden als streng duftend eingestuft. Schneidet man die Sträucher regelmäßig als Hecke und verhindert dadurch den Blütenansatz, können sie aber unbedenklich auch am Freisitz gepflanzt werden.

Auch der eigenartige Duft von Holunderblüten ist nicht jedermanns Geschmack, vor allem aber Blätter und Rinde riechen etwas unangenehm. An ungünstigen Standorten wird der Holunder in manchen Jahren stark von schwarzen Blattläusen befallen, was dann einen wenig schönen Anblick bietet. Die Gefahr des Befalls von schwarzen Läusen ist auch beim echten Schneeball (*Viburnum opulus* 'Roseum') gegeben. Zu dicht am Sitzplatz sollte man ihn deshalb nicht pflanzen.

Giftige Pflanzen

Die teilweise sehr strengen Auflagen der Bundesländer, an Spielplätzen keine giftigen Pflanzen zu verwenden, sind sicher berechtigt und erforderlich. Vor allem sollen dadurch Haftungsfälle für die Träger der Einrichtungen verhindert werden. Die Ansichten über Pflanzen, die für Kinder gefährlich werden können, weichen sehr voneinander ab, und eine für das Bundesgebiet einheitliche Aufstellung kritischer Pflanzen gibt es nicht. Allgemeingültige Giftpflanzenlisten zusammenzustellen, ist schon deshalb schwierig, weil diese für verschiedene Klimabereiche und über weite Räume hinweg Gültigkeit haben sollen.

Oft wird das Thema auch etwas hochgespielt. Wir haben als Kinder wohl auch manches probiert, was uns eßbar erschien. Die Grenze zwischen »giftig« und »unverträglich« ist sehr schwer zu ziehen. Schon Paracelsus sagte: »Es kommt auf die Dosis an, daß ein Ding kein Gift sei.« Wer viel unreife Äpfel, unreife Beeren oder Kirschen und Zwetschgen verspeist und danach Wasser trinkt, kann auch an schweren Koliken erkranken. Zudem nehmen Allergien in unserer Gesellschaft zu und machen das Problem noch schwieriger. Meist weiß man, besonders bei Kindern, nicht, welche Begleitumstände bei »Vergiftungen« vorliegen.

Ob eine Pflanze als unverträglich oder giftig einzustufen ist oder nicht, bleibt oft eine Ermessensfrage. Eine unserer wichtigsten Nahrungspflanzen, die Kartoffel, enthält in allen Teilen das giftige Solanin, aber niemand bezeichnet sie als Giftpflanze. Wäre sie vor ihrer Einführung mit unseren heutigen Analysemethoden untersucht worden, hätte man sie sicher als Giftpflanze bewertet.

Manche Früchte, Beeren und Blätter schmecken bitter und widerlich, so daß man sich kaum vorstellen kann, daß sie gegessen werden. Aber Kinder haben offenbar einen anderen Geschmack als Erwachsene und sind unberechenbar. Man weiß von Massenvergiftungen, wo Kinder nach dem Kauen der Rinde von Robinien (*Robinia pseudacacia*, bei uns Akazie genannt) oder der Triebe von Glyzinen *(Wisteria)* an Krankheitsbildern zu leiden hatten, die von Magenschmerzen bis zum Kollaps reichten. Kluge Eltern bringen ihren Kindern so früh wie möglich bei, daß nicht alles eßbar ist, was man findet. Auch wenn man im Garten keine Giftpflanzen verwendet, darf es nicht heißen: »Ihr könnt alles essen, was ihr findet.« Sogar das Kauen auf einem Grashalm kann im Mund zu einer Strahlenpilzerkrankung führen.

Wer Kleinkinder in der Familie hat, sollte vorsichtshalber auf giftige Pflanzen verzichten. Wie soll man ihnen erklären, daß sie von den Roten Johannisbeeren naschen dürfen, die genauso roten Beeren des hochgiftigen Seidelbasts *(Daphne mezereum)* aber stehen lassen müssen? Hat man diese Pflanze nun schon im Garten, so sollte man sich die Mühe machen und

***Clematis* und *Wisteria* (Glyzine) rahmen den Sitzplatz ein. Doch alle Pflanzenteile der *Wisteria* sind giftig!**

die Beeren sorgfältig pflücken und vernichten. Das gilt ebenso für die Beeren des Maiglöckchen *(Convallaria majalis)*. Auch Goldregen *(Laburnum)* mit seinen bohnenähnlichen Früchten, Liguster mit den schwarzen Fruchtständen, die den Schwarzen Johannisbeeren ähneln, oder der sehr giftige Eisenhut *(Aconitum)* sind gefährlich.

Nachstehende Liste wurde nach mehrjährigen intensiven Bemühungen vom Landesverband Landschafts- und Sportplatzbau erstellt und hat sich in Nordrhein-Westfalen bewährt. Sie berücksichtigt keine giftigen oder gefährlichen Wildpflanzen, die sowohl in der freien Landschaft als auch in Gärten und Parks vorkommen.

Ängstliche Eltern sollten sich bei der Planung der Bepflanzung genau erkundigen und weitgehend ungefährliche Arten auswählen. Das Pflanzenreich ist glücklicherweise so vielfältig, daß sich viele Alternativen finden lassen.

Giftpflanzen, die für Kinder gefährlich werden können

(Quelle: Landesverband Landschafts- und Sportplatzbau Nordrhein-Westfalen)

Hier sind diejenigen Pflanzen berücksichtigt, von denen Teile für den menschlichen Verzehr ungenießbar bzw. giftig sind.

botanischer Name	deutscher Name	Gefährlichkeit	giftige Pflanzenteile	kritischer Pflanzenteil	Bemerkungen
Nadelgehölze					
Juniperus sabina	Gemeiner Sadebaum	**	Trieb, Frucht	Frucht (?)	Zeigt auch äußerliche Reizwirkung
Juniperus communis	Gemeiner Wacholder	**	Trieb, Frucht	Frucht	Männliche und nicht fruchtende Formen sind erlaubt
Taxus baccata	Eibe	**	Trieb, Samen	Samen	Männliche Formen sind erlaubt
Thuja-Arten	Lebensbaum	**	Trieb	Trieb (?)	Genuß wurde bei Kindern bisher nicht beobachtet
Laubgehölze					
Cytisus-Arten	Ginster	* (?)	ganze Pflanze	Samen	
Daphne-Arten	Seidelbast	***	ganze Pflanze	Frucht	Alle Arten sind gefährlich!
Euonymus-Arten (nur zum Teil)	Pfaffenhütchen	**	ganze Pflanze	Frucht, Samen	Alle Arten, außer den nicht fruchtenden Sorten von *E. fortunei* 'Coloratus', 'Gracilis', Kewensis' u. a. sind kritisch
Genista-Arten	Ginster	* (?)	ganze Pflanze	Samen (?)	
Hedera helix 'Arborescens'	Efeu	**		Frucht	Nur die beerentragenden Formen sind kritisch
Ilex-Arten	Stechpalme, Hülse	**	Frucht	Frucht	Die weiblichen Pflanzen sind kritisch
Viburnum-Arten	Goldregen	***	ganze Pflanze	Samen	
Ligustrum-Arten	Liguster	***	ganze Pflanze	Frucht	
Lonicera-Arten, beerentragende	Heckenkirsche	***	vor allem in der	Frucht	*Lonicera pileata* und *L. nitida* 'Elegant' sind erlaubt
Lycium-Arten	Bocksdorn	*		Frucht (?)	Wirkung unbekannt
Prunus laurocerasus	Kirschlorbeer	*	Blatt, Rinde	Samen	Unverträglich
Rhamnus (nur zum Teil)	Faulbaum, Kreuzdorn	**	vor allem in der	Frucht	Unverträglich, wird selten gepflanzt
Robinia-Arten	Robinie	**	Rinde u. a.	Samen	

botanischer Name	deutscher Name	Gefährlichkeit	giftige Pflanzenteile	kritischer Pflanzenteil	Bemerkungen
Laubgehölze (Fortsetzung)					
Sambucus racemosa	Trauben-Holunder	**	Trieb	Frucht	Wird selten gepflanzt
Symphoricarpos-Arten	Schneebeere	*		Frucht	Unverträglich
Viburnum-Arten, beerentragende	Schneeball	**	vor allem:	Frucht	Sterile Formen sind erlaubt wie *V. opulus* 'Sterile', *Viburnum plicatum* und 'Mariesii' u. ä.
Wisteria sinensis	Glyzine, Blauregen	*	ganze Pflanze	Blüte (?)	
Krautige Gartenpflanzen					
Aconitum-Arten	Eisenhut, Sturmhut	**	ganze Pflanze	Samen	
Colchicum-Arten	Herbstzeitlose	***	ganze Pflanze	Samen	Wird selten gepflanzt
Convallaria majalis	Maiglöckchen	**	ganze Pflanze	Frucht	Wird selten gepflanzt
Digitalis-Arten	Fingerhut	***	ganze Pflanze	Samen	Eine Vergiftung durch die Pflanze ist selten
Helleborus-Arten	Nieswurz	**	ganze Pflanze	Samen	
Heracleum mantegazzianum	Herkuleskraut		Saft verursacht Verbrennungen		Wird selten gepflanzt
Phaseolus-Arten	Bohne	**	vor allem in der	Frucht	Ungekochte Bohnen sind giftig
Sambucus ebulus	Attich	**	vor allem in der	Frucht	Pflanze befindet sich bei uns nicht im Handel
Sedum acre	Scharfer Mauerpfeffer	*	Kraut	Kraut	Genuß unwahrscheinlich
Unkräuter					
Arum maculatum	Gefleckter Aronstab	***	ganze Pflanze	Frucht	
Bryonia-Arten	Zaunrübe	**	Wurzel, Beere		
Solanum nigrum	Schwarzer Nachtschatten	*	ganze Pflanze	Frucht	Die Giftigkeit wird unterschiedlich beurteilt
Solanum dulcamara	Bittersüßer Nachtschatten	**	ganze Pflanze	Frucht	
Taraxacum-Arten	Löwenzahn	*	Milchsaft	Milchsaft	

* = giftig; Vergiftungen kamen vor.
** = gefährlich; zum Teil auch wegen der lockenden Früchte.
*** = größte Vorsicht geboten!

Kübel, Schalen, Tröge

Die Kultur von Pflanzen in Kübeln kennt man schon lange. In historischen Gärten wurden Pflanzkübel ebenso aufgestellt wie an Bauernhäusern. Meist wuchsen darin empfindliche Gewächse, die im Winter ins Haus gebracht werden mußten. In der Nachkriegszeit nahm die Verwendung von Pflanzen in Gefäßen einen ungeheuren Aufschwung, wie sie in der Geschichte der Gartenkunst ohne Beispiel ist. Keine Stadt verzichtet heute auf das »mobile Grün«, überall stehen Pflanzschalen oder -kübel vor öffentlichen Gebäuden, in Fußgängerzonen oder auf Bürgersteigen, denn der Platz für Grünflächen ist teuer und rar. Allerdings wird hier manchmal fast zu viel »grün möbliert«, denn ein Baum nimmt auch nicht mehr Platz ein als einige große Betonwannen. Diese Entwicklung breitete sich aber auch in den privaten Bereich aus, und dort erkannte man ebenso die Vorteile des »mobilen Gartens«. Die Bautechnik entwickelte außerdem Flachdächer, die sich auch für unser Klima eignen, so daß sich ebene, freie Flächen auf Kaufhäusern, Verwaltungsgebäuden, Tiefgaragen und Wohnhäusern ergaben. Falls die Statik und Bauweise der Decken es erlauben, werden häufig intensive Dachbegrünungen ausgeführt. Einfacher aber lassen sich diese Flächen mit beweglichen Pflanzgefäßen ausstatten.

Auch auf der Terrasse finden Kübel immer häufiger Verwendung, sie schmükken und beleben einen Sitzplatz. Gerade hier kann die Mobilität von Vorteil sein. Haben wir viele Gäste und wird der Platz eng, lassen sich Schale oder Kübel verschieben oder vorübergehend wegstellen. Ohne großen Aufwand bringt eine jeweils der Jahreszeit angepaßte Wechselbepflanzung einen immer wieder neuen Akzent auf die Terrasse. Bei hausnahen Plätzen sind obendrein die Wege zur täglichen Pflege kurz. Größere Tröge können zudem ein wichtiges Gestaltungselement bilden. Sie können einen Sitzplatz begrenzen, ihn einfassen oder sie dienen bei entsprechender Größe als »Haltepunkt«. Mit einem Rankgitter kombiniert, wird der Trog nicht nur zum Raumteiler oder Sichtschutz, sondern sogar zum Schattenspender.

Auswahl der Pflanzgefäße

Die Auswahl hängt wieder vom Geldbeutel ab. Wenn man aber bedenkt, daß ein Pflanzgefäß immer wieder verwendet werden kann, sollte man nicht zu sparsam sein. Die Schönheit der Form und des Materials kann allein schon Schmuckwert besitzen, auch wenn das Gefäß nicht bepflanzt ist. Frosthart muß ein Behältnis sein, wenn es im Winter im Freien bleiben soll.

Ton- und Holzkübel wurden früher fast ausschließlich verwendet. Alte durchgesägte Bier- oder Weinfässer ergeben auch heute noch haltbare Pflanzgefäße. Holz strahlt immer Wärme aus, und die Holzindustrie bietet Pflanzkästen, -kübel, oder -wannen in vielen Formen an. Teilweise sind Kunststoffeinsätze vorgesehen, die die Haltbarkeit und Lebensdauer des Holzes noch erhöhen.

Frostharte Gefäße aus Steingut oder hartgebranntem Ton gibt es in allen Größen. Zweckentfremden kann man auch Steingutrohre mit größerem Durchmesser; man erhält sie im Baustoffhandel. Sehr beliebt und für Pflanzen gut passend

Die Engelstrompete blüht im Spätsommer und sieht dann ausgesprochen dekorativ aus.

sind Natursteintröge. Die größeren wurden früher als Tränke für Rinder, die kleineren und niedrigeren für Schweine benutzt. Alte Stücke sind immer seltener zu bekommen und werden immer teurer, deshalb stellt die Steinmetzindustrie Tröge nach alten Modellen aus Sandstein oder Granit wieder her. Auch die Betonindustrie hat besondere Materialien entwickelt, aus denen ähnliche Tröge hergestellt werden. Meist haben sie eine profilierte und sandgestrahlte Oberfläche im Gegensatz zu den bekannten Sicht- oder Waschbetontrögen.

Es gibt auch Beton- oder Naturstein-Elemente, die zu rechteckigen Konstruktionen zusammengebaut werden können. Preisgünstig sind aus U-Steinen zusammengefügte Tröge, bei denen eventuell offene Seitenflächen betoniert werden. Künstliche Werkstoffe ergänzen das Angebot. Eternit-, das heute ohne Asbest hergestellt wird, oder Kunststoff-Fabrikate werden in zahlreichen Formen und Größen verkauft. Oft scheinen allerdings die guten alten Gestaltungsgrundsätze in Vergessenheit zu geraten bei der Suche nach Noch-nie-Dagewesenem, um unbedingt etwas Neues zu bieten.

Alle Gefäße sollten der Bepflanzung als dienendes Element untergeordnet werden. Ihre Funktion beruht vorwiegend auf der Aufnahme des Erdsubstrats, in dem die Pflanzen wachsen. Ruhige Farbtöne ordnen sich der Bepflanzung unter, gegen grelle und schreiende Anstriche kommen selbst die kräftigsten Sommerblumenfarben nicht an. Spannung entsteht durch eine ehrliche Gegenüberstellung von der strengen Form des Gefäßes auf der einen und der freibewegten Naturform des Pflanzenwuchses auf der anderen Seite. Diese Spannung befriedigt unser ästhetisches Empfinden, und wir finden solche geglückten Verbindungen ganz einfach schön.

Schalen mit der Natur angepaßten Schwüngen und Kurven wirken gekünstelt und unbefriedigend, weil die Spannung zwischen Gemachtem und Gewachsenem aufgehoben ist. Einfache geometrische Formen ohne Schnickschnack sind nie falsch. Auch das Material darf ruhig erkennbar sein. Bei genauer Betrachtung stellt man sowieso schnell fest, wenn »falsche Tatsachen« vorgetäuscht werden. Kitsch ist harmlos, aber vor Verlogenheit sollten wir uns hüten.

Eine besondere Liebhaberei, die wenig Pflegeaufwand erfordert, ist das Sammeln verschiedener *Sempervivum*-Arten.

Bepflanzung

Das Substrat

Wichtig ist ein guter Wasserabzug. Die Löcher werden mit Topfscherben abgedeckt, damit sie nicht verstopfen. Bei größeren Gefäßen ist eine Dränageschicht aus Kies, grober Schlacke, Styroporflocken oder anderem durchlässigen Material sinnvoll. Darüber wird ein Trennvlies gelegt, das die Feinteile der Kulturerde zurückhält und nur Wasser durchläßt. (Die Umgebung des Troges wird dadurch auch vor ablaufendem verschmutzten Gießwasser geschützt.) Zum Schluß wird dann mit Pflanzsubstrat aufgefüllt und gepflanzt.

Alpine Pflanzen brauchen keine gedüngte Erde, sie wachsen auch an ihrem natürlichen Standort auf magerem Boden. Ein Drittel des Substrates sollte hier aus feinem Steinschlag oder Sand bestehen, je ein Drittel aus alter Rasenerde von lehmig-humosen Wiesen und alter Laub- oder Moorerde. Das wird nicht immer leicht zu beschaffen sein, so daß wir auf Fertigsubstrate ausweichen müssen. Bei den im Handel befindlichen Pflanzerden handelt es sich meist um Mischungen auf Torfbasis. Die sehr billigen Produkte bestehen vorwiegend aus reinem Schwarztorf mit Beigaben von Mineraldünger. Sie verschlämmen und versauern schnell, und die Pflanzen gedeihen trotz guter Pflege schlecht. Weißtorfsubstrate, wie zum Beispiel Frux Einheitserde, haben einen Tonanteil, die beigegebene Düngermenge ist genau abgestimmt, ebenso der pH-Wert. Durch die höhere Luftdurchlässigkeit sind solche Substrate auch vergießfester. Gärtnereien verwenden vorwiegend diese unter ständiger Kontrolle stehenden Mischungen mit gleichbleibender Qualität.

Die Pflanzen

Die Möglichkeiten sind sehr vielfältig. Wir können mit einem einzelnen Farbtupfer oder auch mit einer ganzen Farbenpalette einen Sitzplatz beleben, oder wir geben ihm mit einer bizarr gewachsenen Solitärpflanze eine besondere Note. Dem Pflanzenliebhaber bietet der Trog die Gelegenheit, Besonderheiten, die einer individuellen Pflege bedürfen, unterzubringen, egal ob es sich um eine exotische Kübelpflanze oder um eine Zusammenstellung alpiner Kostbarkeiten handelt.

Vor der Pflanzung sollte man sich mit den gegebenen Umständen auseinandersetzen und überlegen, wieviel man an Geld und Zeit investieren will. Pflanzen, denen man nicht die notwendige Pflege angedeihen lassen kann und die nur so dahinvegetieren, bedeuten keine Zierde, besonders wenn sie, wie es meistens bei Kübeln der Fall ist, im Blickfeld stehen.

Wir können im wesentlichen vier Gruppen von Pflanzen unterscheiden.

1. Frostharte Pflanzen, die ohne besonderen Schutz im Kübel oder Pflanztrog überwintern können. Dazu gehören die verschiedenen Hauswurzarten und Sorten *(Sempervivum)*, viele Alpenpflanzen (Alpine) und eine Auswahl besonders robuster Stauden, Rosen und Gehölze.
2. Frostharte Pflanzen, die im Freien überwintern können, deren Kübel aber vor Frost so geschützt werden muß, daß die Erde nicht ganz durch-

frieren kann. Hierzu gehören die meisten ausdauernden (perennierenden) Pflanzen, die eine Kübelbepflanzung vertragen.

3. Mehrjährige Pflanzen, die keinen Frost vertragen. Für sie brauchen wir einen entsprechenden Überwinterungsraum. Meist handelt es sich dabei um Liebhaberpflanzen, die einer besonderen Pflege bedürfen.
4. Einjährige Pflanzen und solche, die wir nur für eine Vegetationsperiode verwenden. Diese Gruppe bietet uns die meisten Abwechslungsmöglichkeiten. Man kann nicht nur jährlich, sondern auch jahreszeitlich verschiedene Pflanzungen vornehmen, also eine Frühjahrs-, Sommer- und Herbstpflanzung.

Freilandhortensien lassen sich gut in Kübeln ziehen und erweisen sich darin auch als besonders wirkungsvoll.

Pflanzen, die im Kübel oder Trog frosthart sind

Acaena buchanani, Stachelnüßchen
Acaena microphylla, Stachelnüßchen
Alyssum montanum 'Berggold', Steinkraut
Anthemis marschalliana (A. biebersteiniana), Hundskamille
Anthemis tinctoria, Hundskamille
Arabis × arendsii 'Rosabella', Gänsekresse
Arabis caucasica 'Plena', Gänsekresse
Campanula poscharskyana 'Blauranke', Glockenblume
Cerastium arvense, Hornkraut
Cerastium tomentosum, Hornkraut
Corydalis lutea, Lerchensporn
Dianthus deltoides 'Brillant', Heidenelke
Dianthus plumarius 'Altrosa', 'Diamant', 'Heidi', Federnelke
Helianthemum lunulatum, Sonnenröschen
Hieratium aurantiacum, Habichtskraut
Hieratium × rubrum, Habichtskraut
Inula ensifolia, Alant
Lysimachia punctata, Felberich
Lythrum salicaria, Blutweiderich
Phlox subulata 'G. F. Wilson, 'Temiscaming', 'White Delight', Polsterphlox
Prunella × webbiana, Braunnelle
Saponaria ocymoides 'Findling', Seifenkraut
Saxifraga muscoides 'Findling', Steinbrech
Saxifraga trifurcata, Steinbrech
Sedum album 'Coral Capet', Fetthenne
Sedum floriferum 'Weihenstephaner Gold', Fetthenne
Sedum sexangulare
Sedum stoloniferum (S. hybridum) 'Immergrünchen', Fetthenne
Sempervivum-Arten, Hauswurz

Gräser

Bouteloua oligostachya, Moskitogras,
Festuca ovina, Schafschwingel
(Helictotrichon sempervirens, Wiesenhafer*)*
Koeleria glauca, Schillergras
Melica ciliata, Perlgras
Sesleria caerulea, Blaugras

Beispiele von Pflanzenkombinationen

Dianthus deltoides
Hieracium pilosella
Prunella × webbiana
Sedum album
Festuca glauca

Sempervivum stoloniferum 'Rita Jane'
Campanula poscharskyana 'Blauranke'
Corydalis lutea
Helictotrichon sempervirens

Sempervivum stoloniferum 'Rita Jane'
Alyssum montanum
Aubrietia 'Dr. Mules'
Festuca glauca

Lysimachia punctata
Campanula poscharskyana 'Blauranke'
Lythrum salicaria

Hieratium aurantiacum
Sedum floriferum 'Weihenstephaner Gold'
Melica ciliata

Küchenkräuter

Küchenkräuter eignen sich gut zur Trogbepflanzung. In einer gefälligen Anordnung gepflanzt, können sie durchaus eine Zierde bilden. Für die Hausfrau ist es sehr praktisch, wenn sie die Kräuter nicht weit entfernt von der Küche holen kann. Die meisten Kräuter kann man als kleine Topfpflanze kaufen. Mit etwas Liebe und Geduld lassen sich einige auch aus Samen ziehen.

Basilikum, Basilienkraut *(Ocimum basilicum)*: für Suppen, Salate, Braten; appetitanregend.

Beifuß *(Artemisia vulgaris)*: für Gemüse, Suppen, Braten; verdauungsfördernd.

Bohnenkraut *(Satureja hortensis)*: bekanntes Würzkraut für Gurken, Erbsen- und Bohnensuppe; beruhigend bei Blähungen.

Boretsch, Gurkenkraut *(Borago officinalis)*: als Beigabe zu Gurken; Tee wirkt gegen Entzündungen, harntreibend, Bienenfutter.

Dill *(Anethum graveolens)*: einjähriges Kraut für Freilandaussaat, bekanntes Gewürz.

Estragon *(Artemisia dracunculus)*: frisch und getrocknet als Gewürz.

Koriander *(Coriandrum sativum)*: einjähriges Kraut für Freilandaussaat. Die aromatischen Früchte dienen als Gewürz für Backwaren und Tunken.

Liebstock, »Maggikraut« *(Levisticum officinale)*: Würzwirkung ähnlich dem Sellerie.

Majoran *(Majorana hortensis)*: einjähriges Kraut für Freilandaussaat, bekannte Wurstwürze.

Pimpinelle *(Sanguisorba minor)*: beliebtes Salatgewürz.

Rosmarin *(Rosmarinus officinalis)*: Bratengewürz.

Salbei *(Salvia officinalis)*: als Tee bei Katarrh, Heiserkeit, Nervenschwäche.

Schnittlauch *(Allium schoenoprasum)*: eisenhaltiges Würzkraut.

Thymian *(Thymus vulgaris)*: Würzmittel zu Tunken, Fleischspeisen und Kräuterbutter.

Zitronenmelisse *(Melissa officinalis)*: Salatgewürz, Blättertee bei Magenbeschwerden, Darm- und Bronchialkatarrh, Asthma.

Dachgarten-Sitzplätze

Für viele Stadtmenschen bedeutet eine Wohnung mit Dachgarten oder Dachterrasse die erstrebenswerteste Wohnform. Sie träumen von einem Sitzplatz im Freien, hoch über den Dächern und mit schöner Aussicht. Leider sind die freien Dachflächen meist sehr stark dem Wind ausgesetzt und können häufig auch von Bewohnern gleichhoher oder noch höherer Häuser eingesehen werden. Ein Schutz des Sitzplatzes ist deshalb erforderlich. Er sollte aber nicht die ganze Fläche umrahmen, damit wenigstens teilweise die freie Sicht erhalten bleibt, die ja meist den größten Reiz einer hochgelegenen Terrasse darstellt. Eine wind- oder sonnengeschützte Ecke genügt meist, um den Aufenthalt angenehm zu machen. Zu beachten ist auch die Lage der Kamine. In der Hauptwindrichtung gelegene Sitzplätze sind ansonsten zu häufig den giftigen Abgasen ausgesetzt, die auch für viele Pflanzen schädlich sind.

Vorteilhaft sind natürlich schon beim Bau des Hauses genau und gut eingeplante Sitzecken, aber auch nachträglich kann man mit einer Pergola, Rankgerüsten und Schutzwänden viel erreichen. (Siehe Seite 33 ff. und 36 ff.)

Möblierung

Die Dachterrasse unterscheidet sich im Grunde nur durch die erhöhte Lage von

Dachgärten tragen dazu bei, das triste Grau unserer Städte aufzulockern. Sogar in dicht bebauten Stadtzentren können solche Dachgartenlandschaften entstehen.

einer »normalen« Terrasse. Möblierung, Ausgestaltung mit Tischen, Stühlen und Liegen, Vogelhaus oder Vogeltränke sind hier in gleicher Weise möglich, und für Grillfeste eignet sich ein mobiles Grillgerät sehr gut. Zu beachten ist bei allen Gegenständen die besonders geforderte Standfestigkeit in dieser ungeschützten Lage. Es wäre sehr peinlich und gefährlich, wenn sich zum Beispiel ein Sonnenschirm selbständig macht und über die Brüstung in die Tiefe segelt!

Bepflanzung

Durch die exponierte Lage haben es Pflanzen auf einer Dachterrasse ganz besonders schwer, über einer »unterbauten« Fläche zu wachsen. Wind, Sonne und Regen treffen sie ungeschützt, und die Folgen können Wurzellockerung, Trockenheit oder stauende Nässe sein. Für die Anzahl, Größe und das Material der Pflanzgefäße entscheidet letztlich die statische Belastbarkeit der Dachterrasse. Man sollte sich vor dem Kauf beim Architekten erkundigen. Auch die Isolierung gegen Nässe ist wichtig, damit in darunterliegende Räume keine Feuchtigkeit eindringt. Zu bedenken sind auch die Transportmöglichkeiten auf das Dach. Während der Bauzeit ist es noch einfach. Man kann von einem Kran schwere und große Behälter hinaufhieven lassen; später geht es höchstens mit dem Lift.

Wenn es die Größe der Terrasse erlaubt, können wir Pflanzbeete anlegen, meist wird man sich auf Kübel und Tröge beschränken müssen oder beides kombinieren.

Für Gehölze benötigt man eine Substratschicht von mindestens 40 cm Stärke, Stauden kommen mit 30 cm aus, für Sommerflor braucht man etwa 20 cm und die genügsamen »Extensiven«, wie Fetthenne und Steinbrech-Arten (*Sedum-* oder *Saxifraga*-Arten) geben sich mit 5 bis 10 cm Substrat zufrieden. Es gibt für die Dachgartenbepflanzung besonders geeignete Erdmischungen im Handel, die aufgrund ihrer höheren Wasserspeicherfähigkeit und ihres geringeren Gewichtes dem Torf und Torfkultursubstraten überlegen sind.

Bei der Auswahl der ausdauernden Pflanzen darf man nicht vergessen, daß sich ihre Wurzeln nur begrenzt ausdehnen können. Einen Baum sozusagen im Blumentopf zu ziehen, ist doch etwas problematisch, er braucht den gewachsenen Boden. Es gibt so viele Möglichkeiten, die vorhandenen Pflanzflächen auszugestalten. Wer Nutzpflanzen bevorzugt, kann Bohnen an Rankgerüsten hochwachsen lassen, Tomaten in Töpfen ziehen, Küchenkräuter oder Schnittsalat im Blumenkasten ansäen oder sich an einem Zwergobstbaum versuchen.

Der Handel bietet Zwergobstbäume als Kübelpflanzen an. Beim Kauf eines Obstbaums in der Baumschule muß man eine Sorte verlangen, die auf eine schwachwachsende Unterlage veredelt wurde. Beim Eintopfen sollte die Hauptwurzel bis auf einen geringen Rest zurückgeschnitten werden, sonst entwickelt sich kein dichtes Wurzelwerk. Über den erforderlichen Schnitt der Zweige informiert man sich am besten beim Fachmann oder versorgt sich mit einschlägiger Literatur.

Wer einen üppigen, bunten Blütenflor liebt, kann von Frühjahr bis Herbst eine Dauerblüte erreichen, wenn im Frühjahr einjährige Blumen gepflanzt werden. Allerdings bedeutet das meist eine recht kostspielige Angelegenheit. Preisgünstiger ist eine Grundpflanzung mit ausdauernden Stauden, Gehölzen oder auch Rosen, zwischen die passende Einjährige gesetzt werden.

Für eine – meist langweilige – pflegeleichte Bepflanzung mit Massen von *Cotoneaster* oder ähnlichen »Bodendekkern« ist dieser kostbare Platz auf dem Dach fast zu schade. Es gibt so viele andere ausdauernde Pflanzen, die hier gedeihen und viel mehr Naturerlebnis bringen. In der Regel verlangen sie im Gegensatz zur Pflanzung im Garten im normalen Boden etwas mehr Pflege, und ihre Lebensdauer wird vielleicht etwas kürzer sein.

Nadelgehölze
Chamaecyparis obtusa 'Nana Gracilis', kleine Muschel-Scheinzypresse
Juniperus horizontalis 'Glauca', blauer Teppich-Wachholder
Pinus mugo 'Mops', Mops-Kiefer
Pinus mugo ssp. *mugo*, Krummholz-Kiefer
Taxus baccata 'Repandens', Kissen-Eibe

Immergrüne für geschützte Flächen
Berberis gagnepainii var. *lanceifolia*, immergrüne Lanzen-Berberitze
Berberis verruculosa, Blaublatt-Berberitze
Buxus sempervirens 'Rotundifolia', hoher Buchsbaum
Calluna vulgaris in Sorten, Heidekraut
Cotoneaster-Arten
Hedera helix 'Arborescens', Strauch-Efeu

Sträucher
Acer palmatum, Japanischer Ahorn
Amelanchier laevis, Felsenbirne
Buddleja alternifolia, Hänge-Buddleie
Cotinus coggygria, Perückenstrauch
Cotoneaster dielsianus, graue Strauchmispel
Cotoneaster sternianus, wintergrüne Fruchtmispel
Cytisus × *beanii*, duftender Kriechginster
Cytisus-Hybriden, verschiedene Gartensorten
Cytisus scoparius, Besenginster
Forsythia viridissima 'Bronxensis', Goldglöckchen
Hippophaë rhamnoides, Sanddorn
Hypericum calycinum, niedriges Johanniskraut
Hypericum 'Hidcote' großblumiges Johanniskraut
Hypericum × *moserianum*, hohes Johanniskraut
Perovskia abrotanoides, Silberbusch
Potentilla fruticosa, Fingerstrauch, in verschiedenen Sorten
Pyracantha coccinea in Sorten, Feuerdorn
Rhus typhina 'Dissecta', geschlitzter Essigbaum
Tamarix parviflora, Tamariske

Behaglichkeit auf dem Dach bietet diese beschattete Sitzecke.

Rosen für Blumenkästen
(Tiefe 20 bis 30 cm)
Miniatur-Rosen: 'Zwergkönig', 'Starina'
Polyantha-Rosen: 'Muttertag', 'Vatertag'

Rosen für größere Tröge oder Kübel
(Tiefe ab 40 cm)
Beetrosen: 'Sarabande', 'Paprika', 'Gruß an Bayern'
Strauchrosen: 'Schneewittchen', 'Lichtkönigin Lucia'
Bodendeckende Rosen: 'The Fairy', 'Max Graf', 'Nozomi'
Kletterrosen: 'New Dawn' (kann auch hängend gezogen werden)

Ausdauernde Rankpflanzen, die auch für Kübel geeignet sind
Aristrolochia macrophylla, Pfeifenwinde
Clematis-Hybriden, Waldrebe
Clematis × *jackmanii*
Clematis montana
Clematis paniculata
Clematis tangutica
Clematis viticella
Fallopia aubertii, Knöterich
Hedera helix, Efeu
Jasminum nudiflorum, Winterjasmin
Lonicera-Arten, Geißblatt
Parthenocissus quinquefolia, Jungfernrebe, Wilder Wein
Parthenocissus tricuspidata 'Veitchii', Jungfernrebe
Wisteria sinensis, Glyzine

Einjährige Rankpflanzen
Cobaea scandens, Glockenrebe
Cucurbita pepo 'Ovifera', Zierkürbis
Ipomoea tricolor, Prunkwinde
Lathyrus odoratus, Wohlriechende Wicke
Phaseolus coccineus, Feuerbohne
Tropaeolum majus, Kapuzinerkresse

Sommerblumen
Antirrhinum majus in verschiedenen Sorten, Garten-Löwenmaul
Ageratum houstonianum, Leberbalsam
Begonia-Semperflorens-Hybriden, Begonie
Calendula officinalis, Ringelblume
Cosmos bipinnatus, Schmuckkörbchen, Kosmee
Cosmos sulphureus, Schmuckkörbchen
Dimorphoteca sinuata, Kapkörbchen
Impatiens walleriana, Fleißiges Lieschen
Lavatera trimestris, Bechermalve
Lobelia erinus, Lobelie
Lobelia fulgens, Lobelie
Lobularia maritima, Duftsteinrich
Portulaca grandiflora, Portulak
Rudbeckia hirta, Sonnenhut
Tagetes erecta, T. patula, Sammetblume, Studentenblume
Thymophylla tenuiloba 'Sternschnuppe'
Tropaeolum-Hybriden, Kapuzinerkresse
Verbena-Hybriden, Verbene

Frühjahrsblüher
Bellis perennis, Tausendschön, Gänseblümchen
Cheiranthus cheiri, Goldlack
Myosotis sylvatica, Vergißmeinnicht
Viola-Wittrockiana-Hybriden, Stiefmütterchen

Sitzplatz am Wasser – Wasser am Sitzplatz

Fast jeder Gartenbesitzer wünscht sich Wasser im Garten. Es belebt in jeder Form, als Brunnen, Teich oder Tümpel, auch als einfacher Trog oder Bottich, bepflanzt mit einigen Sumpfpflanzen oder einer Seerose. Der Platz reicht eigentlich immer, und selbst ohne großen finanziellen Aufwand kann man sich den Traum von der Wasserwelt im Kleinformat erfüllen. Liegt die Wasserfläche in der Nähe eines Sitzplatzes, kann man das Leben in und am Wasser gut beobachten, das Kleinklima wird durch die Verdunstung des Wassers günstig beeinflußt und das sanfte Sprudeln eines Brunnens wirkt entspannend und beruhigend.

Brunnen und Springbrunnen

Bei dem Gedanken an einen Brunnen oder Springbrunnen haben wir die oft aufwendigen Brunnen in unseren öffentlichen Anlagen vor Augen. Besonders in den historischen Gärten finden wir umfangreiche Wasserspiele mit riesigen, oft mehrstufigen Kaskaden, Wasserläufe und überschäumende Brunnen mit hohen Fontänen. Besonders einfallsreich sind die automatischen Wasserscherze im Schloß Hellbrunn bei Salzburg. Hier ließen die Fürstbischöfe, je nach Laune, ihre Gäste in unbedachten Momenten aus un-

Die Wasserfläche auf kleinstem Raum bildet zugleich einen hübschen Blickfang.

sichtbaren Leitungen von oben, unten oder von der Seite mit Wasser besprühen und hatten ihren Spaß daran.

In unserem privaten Bereich können wir zwar ebenfalls weitgehend unsere Phantasie walten lassen, müssen dabei aber wesentlich bescheidener bleiben. Mit einfachen Mitteln läßt sich hier aber auch etwas Nettes und Hübsches gestalten.

In der Nähe eines Sitzplatzes sollte ein Brunnen so plaziert sein, daß er sich in unserem Blickfeld befindet, wenn wir sitzen, aber nicht so nahe, daß wir bei Wind vom Wasser bespritzt werden. Eine Faustregel lautet: Das Becken soll doppelt so breit wie die Höhe des Springstrahls sein.

Ein Brunnen oder Springbrunnen sollte in jedem Fall so gestaltet sein, daß er auch ohne Wasser eine Zierde darstellt. Die Möglichkeiten der Gestaltung sind vielfältig und hängen weitgehend von unserer Phantasie und dem Geldbeutel ab. Man kann sich für einen Wandbrunnen oder freistehenden Springbrunnen entscheiden. Wer es sich leisten kann, wird sich einen guten Bildhauer holen, der fachgerecht in hochwertiger Qualität die persönlichen Wünsche und Vorstellungen verwirklichen kann.

Alte Granittröge gibt es in den verschiedensten Formen und Größen. Sie eignen sich als Wandbrunnen mit einem handgearbeiteten Einlauf, als Springbrun-

Mühlsteinbrunnen mit einer Auskleidung aus Mosaikpflaster.

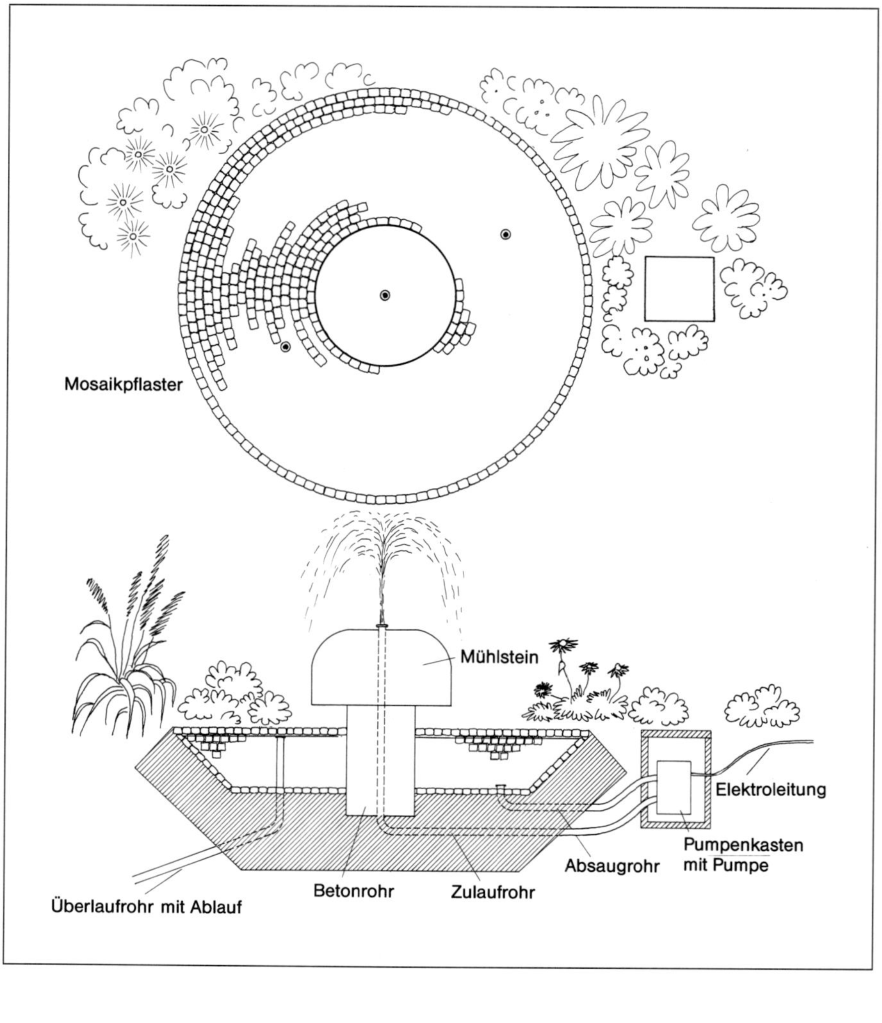

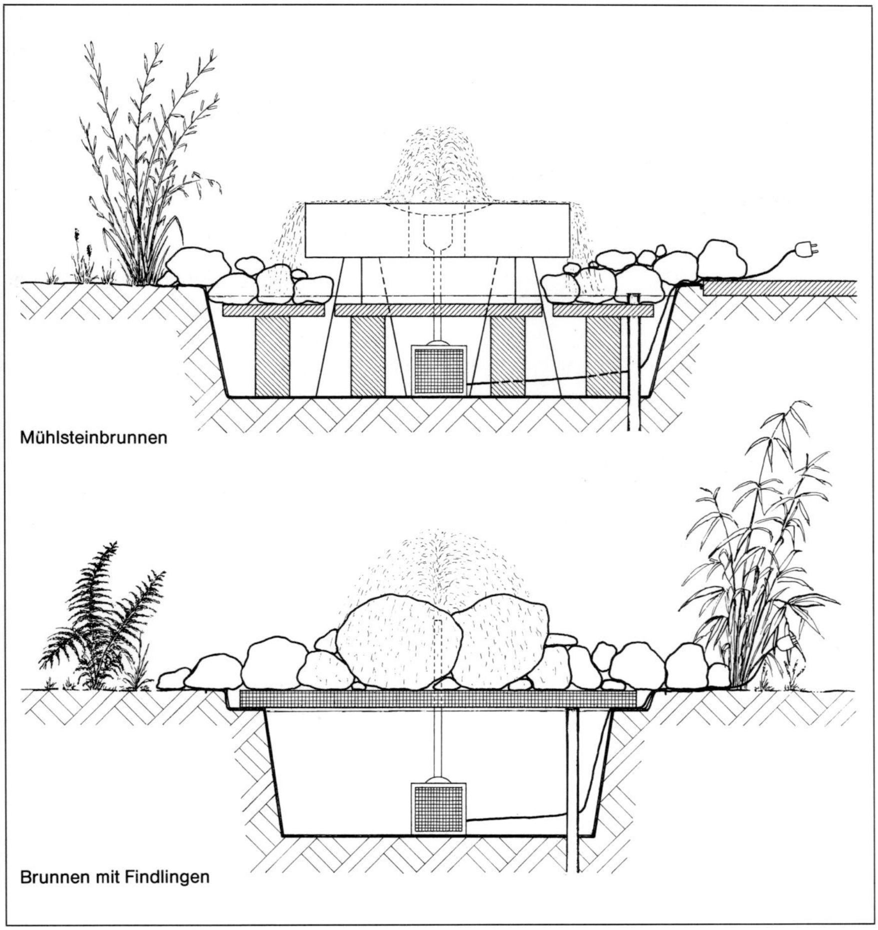

Brunnen über einem vorgefertigtem Beton- oder Kunststoffbecken.

nen mit einem Springstrahl in der Mitte oder seitlichem Zulauf. Auch aus verschiedenen Steinteilen lassen sich Brunnen zusammenbauen. Mit Mühlsteinen, die die Industrie nach dem Vorbild alter Modelle herstellt, lassen sich ebenfalls hübsche »Wasserspiele« gestalten. Dabei wird ein Beton- oder Kunststoffbecken in den Boden eingelassen. Der Mühlstein wird so auf ins Becken gestellte Steine gelegt, daß darunter eine Umwälzpumpe Platz hat. Der Springstrahl oder Qualler dringt dann durch das Loch in der Mitte des Mühlsteins. Die Wasserfläche kann mit einem Rost abgedeckt werden, auf den Findlinge gelegt werden. Die untenstehende Abbildung veranschaulicht dieses Prinzip.

Wasserpumpen

Eine Brunnenanlage erfordert eine elektrische Pumpe. Besonders wartungsfrei sind Kreiselpumpen. Man unterscheidet verschiedene Typen: Tauchpumpen werden direkt ins Wasser gesetzt, Pumpen für Trockenaufstellung baut man neben dem Brunnen in einem Schacht oder im Keller des Hauses trocken ein; wasserdichte beziehungsweise überflutungssichere Universalpumpen eignen sich sowohl für den Unterwasserbetrieb als auch für die Trokkenaufstellung. Die Leistung der Pumpe richtet sich nach der gewünschten Förderhöhe und Menge des Wassers.

Tauchpumpen erfordern einen ihrer Größe entsprechenden Wasserstand. Die

Die ruhige Wasserfläche strahlt Behaglichkeit aus und lockt viele am Wasser lebende Insekten an.

Ansaugleitungen müssen mit einem Filter ausgestattet sein, das Schmutz, Laub usw. vor dem Eindringen in die Pumpe schützt. Das Filter sollte regelmäßig kontrolliert und gereinigt werden, um ein Verstopfen zu verhindern.

Besonders langlebig sind Pumpen, bei denen der Rotor in einem Keramiklager läuft, und die insgesamt aus besten Materialien hergestellt sind wie Edelstahl, Messing, Bronze und hochwertigem Kunststoff.

Die längere Haltbarkeit und der störungsfreie Betrieb lohnen sicher den höheren Anschaffungspreis gegenüber billigen Modellen. Der Stromverbrauch ist meist niedrig.

Für die Pumpen gibt es verschiedenartige Fontänenaufsätze und spezielle Einhängetöpfe für Mühlsteine, bei denen ja das Wasser nur quellen und sprudeln, aber nicht springen soll.

Die handelsüblichen Unterwasserpumpen sind so gebaut, daß sie auch der Laie gefahrlos ins Wasser setzen kann. Das andere Ende des Kabels wird in eine an trockener Stelle montierte Steckdose oder in die wasserdichte Steckdose an einer eingebauten Steckersäule gesteckt. Das Kabel sollte möglichst versteckt im Garten verlegt werden. Alle anderen elektrischen Installationen wie der Einbau einer Schaltuhr oder Beleuchtung sowie eine Veränderung der Pumpenanschlüsse muß der Elektriker vornehmen, denn wo Wasser und Strom so eng beisammen liegen, können Fehler lebensgefährlich werden. So kann bei unsachgemäßer Installation sogar das ganze Wasser unter Strom stehen. Die strengen TÜV-Auflagen sind genau zu beachten. Im Herbst nimmt man die Pumpen aus dem Wasser heraus und überwintert sie im Keller. Manche Hersteller empfehlen, sie in einem Eimer Wasser aufzubewahren, damit die Dichtungen nicht brüchig werden. Das sollte man beim Kauf erfragen.

Für kleine Brunnen und Wasserbecken ist ein besonderer Wasseranschluß nicht erforderlich, der Gartenschlauch genügt. An heißen Tagen, wenn viel Wasser verdunstet, muß man den Wasserstand kontrollieren und nachfüllen, damit die Pumpe nicht trocken läuft. Beim Bau eines abgedeckten Brunnens, zum Beispiel mit Bachkieseln, sollte eine Stelle zur Wasserstandskontrolle offen bleiben. Im Becken selbst ist ein Wasserablauf zur Reinigung und zum Ablassen im Herbst vorteilhaft, ebenso ein Überlauf. Ein Anschluß an den Oberflächenwasserkanal ist nicht unbedingt erforderlich, außer der Anschluß läßt sich mit geringem Aufwand herstellen. Es genügt ein Sickerschacht, eine mit Rollkies verfüllte Grube. Der Kies wird mit einem Filtervlies abgedeckt und die Grube mit Erde überfüllt oder mit einer Platte abgedeckt. Bei kiesigem oder sonst gut wasserdurchlässigem Untergrund wird man auch darauf verzichten können.

Das Neueste auf dem Markt sind Gartenpumpen, die über Solarzellen betrieben werden.

Um lange Freude an einem Springbrunnen zu haben, sollte man an der Pumpe nicht sparen, billige Modelle versagen schnell.

Wasserbecken und Teich

Weil sich in und am Wasser so vielfältiges pflanzliches und tierisches Leben abspielt, erscheint eine Sitzmöglichkeit in unmittelbarer Nähe eigentlich unerläßlich, damit man in aller Ruhe beobachten kann. Bei der Neuanlage eines Gartens ist zu überlegen, ob der Teich oder ein größeres Wasserbecken direkt an die Terrasse am Haus anschließen sollen, oder ob an der abseits gelegenen Wasserfläche zusätzlich ein Sitzplatz angelegt werden kann. Oft genügt hier auch ein Sitzstein, eine einfache Bank oder eine kleine, befestigte Fläche, die Platz für einen Stuhl bietet.

Will man sich umfangreiche Erdarbeiten ersparen, die beim Bau von bodenbündigen Becken oder Teichen zwangsläufig anfallen, kann man auf Konstruktionen ausweichen, die aus dem Gelände herausgehoben sind. Besonders bei gemieteten Grundstücken wird man einerseits die Kosten niedrig halten wollen und muß vielleicht auch einen schnellen Rückbau beim Wohnungswechsel berücksichtigen.

Die einfachste und billigste Möglichkeit ist das Aufstellen eines größeren Kunststoffbottichs oder Troges auf der

Der einfache Natursteintrog hat einen passenden schlichten Wassereinlauf.

Auch im Schrebergarten sitzt man gern am Wasser.

Das Wasserbecken wurde aus Holzbohlen gebaut und mit Folie ausgelegt.

Die Sitzbank im restaurierten Senkgarten von Karl Foerster in Berlin lädt zur Rast ein.

Terrasse. Einige bepflanzte Töpfe, zwischen schöne Steine davorgestellt, kaschieren das »profane« Aussehen ganz gut. Seerosen-Sorten, die sich für die vorhandene Wassertiefe eignen, überwintern problemlos in so einem Bottich, auch bei durchfrierendem Wasser. Mit Ziegel oder sonstigen Steinen schafft man sich in der Tonne eine Mini-Mauer, hinterfüllt sie mit Sand und Erde und gewinnt so die unterschiedlichen Wasserhöhen beispielsweise für Froschlöffel, Blumenbinse oder Brunnenkresse für die Küche. Dieser kleinste Wassergarten läßt sich auch auf einem Balkon verwirklichen.

Halbierte Holzfässer, besonders alte Whisky-Fässer, eignen sich natürlich auch sehr gut und sehen sicher schöner aus als Kunststoffgefäße. Im Fachhandel werden sie häufig angeboten, denn der pflegeleichte Wassergarten auf der Terrasse wird mehr und mehr geschätzt.

Steintröge sind schöner, aber auch kostspieliger. Plant man das Aufstellen auf einem Balkon, einer Dachterrasse oder über einer Tiefgarage, sollte man vorher den Statiker fragen, wie belastbar die unterbaute Fläche ist. Steintröge haben ein ganz erhebliches Eigengewicht und sind schwer zu transportieren.

Auch mit Holzschwellen kann man ein Wasserbecken herstellen, ohne daß aufwendige Erdarbeiten erforderlich sind.

Man legt die Hölzer bis zur gewünschten Höhe übereinander, verbindet sie mit Schrauben oder Nägeln und kleidet den Innenraum mit Folie aus. Auch fertiggekaufte, rechteckige Kunststoffbecken können mit Vierkanthölzern umbaut werden. Die breiten Holzumrandungen können dann gleichzeitig als Sitzgelegenheit dienen.

Sind Kleinkinder in der Familie oder haben sie Zutritt zum Garten, sollte man entweder auf eine offene Wasserfläche verzichten oder eine entsprechende Sicherung unbedingt einbauen. Wasser übt auf Kinder eine magische Anziehungskraft aus und kein Verbot wird sie davon abhalten, am Wasser zu spielen. Auch ein Bottich muß abgesichert sein. Kinder bekommen beim Spiel leicht Übergewicht, stürzen kopfüber ins Wasser und können sich allein nicht retten. Sie ertrinken oder behalten bei längerer Bewußtlosigkeit bleibende Gehirnschäden.

Mit Baustahlgewebe, beschwert durch größere Steine, oder einem festgespannten Netz, wie es zum Beispiel bei Klettergeräten verwendet wird, lassen sich solche tragischen Unfälle vermeiden.

Sitzplatz am offenen Kamin

Ein Kamin am Sitzplatz bedeutet eine zusätzliche Belebung und verlängert durch die Wärme des offenen Feuers die Nutzungsmöglichkeit im Freien. Der Platz sollte so geplant sein, daß er vor Zugluft geschützt ist. Ein Mauervorsprung oder eine entsprechende Bepflanzung kann den Wind abhalten. Häufig wird mit dem Innenkamin auch ein Außenkamin kombiniert. Das sollte nicht dazu verleiten, den gleichen Schornstein zu benützen. Das gibt Rauchabzugstörungen und verstößt auch gegen die gesetzliche Vorschrift. Jede Feuerstelle braucht ihren eigenen Abzug. Ein Kamin muß, einschließlich Schornstein, immer von der Baubehörde genehmigt werden.

Gartenkamin

Der Außenkamin kann auch vollkommen frei stehen, zum Beispiel an einem vom Haus abgesetzten Sitzplatz. Er kann massiv ausgeführt werden, es gibt aber auch transportable Fertigkamine aus Blech. Diese brauchen im Gegensatz zum feststehenden Kamin keine Baugenehmigung.

Hier sollte man allerdings überlegen, ob der Rauch Nachbarn belästigen kann oder gar das eigene Haus stört. Der Schornstein ist hier niedriger, der Zug schwach und somit die Rauchbelästigung größer als beim Kamin am Haus.

Feuerraum, Rauchrohr und Schornstein

Die Verbindung des offenen Kamins mit dem Schornstein erfolgt durch einen in der Wand ummauerten, verdeckt liegenden Blechkanal, durch glatt gestrichene Kanäle oder durch Formsteine. Die Kanäle sollten einen möglichst quadratischen Querschnitt haben und dürfen, wenn der Kamin nicht direkt am Schornstein steht, nicht flacher als 45 ° sein, sonst wird die Zugluft vermindert und es raucht. Die Feueröffnung sollte die Form eines liegenden Rechtecks haben. Das Verhältnis Höhe zu Breite beträgt bei größeren Kaminen etwa 2:3, bei kleineren 3:4. Feueröffnung und Schornstein-Querschnitt stehen immer in Abhängigkeit voneinander, und zwar beträgt die Größe der Feueröffnung je nach Schornsteinhöhe das 8- bis 15fache des Schornstein-Querschnittes. Ein Schornstein von 8 m Höhe am Hause wird unter normalen Verhältnissen immer gut ziehen. Bei geringen Höhen von etwa 4 bis 6 m muß der Querschnitt entsprechend vergrößert werden, um einen guten Abzug zu gewährleisten. Ob ein offener Kamin zieht, hängt nicht von seinem Äußeren ab, sondern von Feuerraum, Rauchrohr und Schornstein. Der Boden des Feuerraumes muß aus feuerbeständigen Baustoffen, die mit Schamottmörtel vermauert werden, hergestellt sein.

Dieser offene Kamin am Haus ist ein Platz für kühle Abende.

Vorgefertigte Kamine und Einsätze

Die Industrie bietet Fertigkamine und vorgefertigte Einsätze an, die gut durchdacht und durchkonstruiert sind. Die Firmen garantieren auch, daß das Feuer gut brennt und kein Rauch entsteht, wenn der Einbau nach Vorschrift erfolgt. Die Gefahr der Rauchbildung beim offenen Kamin im Freien ist allerdings durch Wind und starke Zugeinwirkung immer gegeben. Die vorgefertigten Einsätze sind sehr einfach zu handhaben. Mit ihnen lassen sich offene Kamine problemlos auch individuell gestalten.

Bei einem Kamin im Freien läßt sich

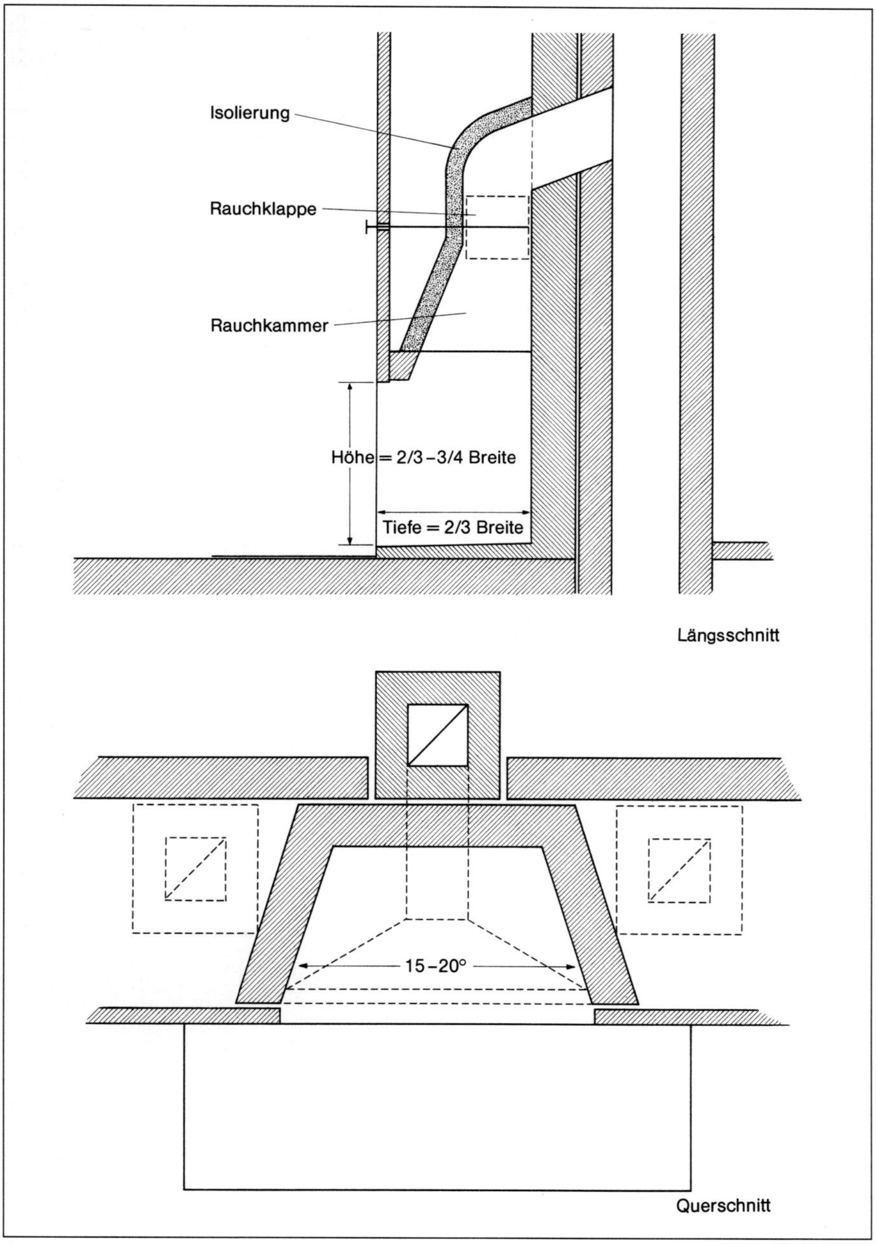

Aufbau eines Feuerraumes für einen offenen Kamin vor oder neben dem Schornstein.

Die Grillkuhle läßt Lagerfeuerromantik aufkommen.

auch leicht ein Rost einbauen, auf dem wie auf einem Gartengrill gebraten werden kann. Die Eisenteile sollte man aber leicht ausbauen und ergänzen können, weil sie im Freien leicht rosten.

Der Gartengrill

Viel einfacher und bescheidener als der offene Kamin im Freien ist ein Gartengrill. Bei Geselligkeiten im Garten kann er viel Freude und Vergnügen bereiten. Es gibt transportable Modelle in den verschiedensten Größen zu kaufen. Ein feststehender Grill läßt sich mit verhältnismäßig wenig Mitteln herstellen. Man kann ihn aus Ziegelsteinen auch selbst bauen, oder man kauft Fertigteile, die man ohne besonderes Fundament an ebener Stelle im Garten aufstellt. Ein Gartengrill sollte aber so plaziert sein, daß er genügend Raum für eine fröhliche Runde bietet, ohne den übrigen Gartenbetrieb zu stören. Wegen der Geruchsbelästigung sollte er, schon mit Rücksicht auf die Nachbarn, unbedingt an einem windstillen Platz stehen.

Unten: Der einfache Grill wird aus Backsteinen gemauert, oder die Backsteine werden lose verlegt.

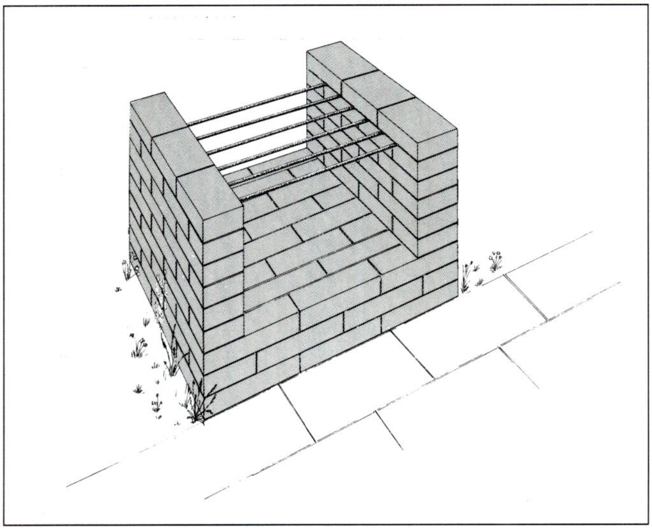

Unten rechts: Dieser einfache Grill kann überall aufgestellt werden.

Tiere am Sitzplatz

Zu einem mit Leben erfüllten Garten gehören Tiere genauso wie Pflanzen. Wer Freude an der Natur hat, möchte Tiere auch beobachten. Das ist besonders erholsam, wenn man auf der Terrasse sitzt und Muße hat, seinen »Gästen« zuzuschauen. Von einem Liegestuhl aus kann man das muntere Treiben der Vögel, Bienen, Hummeln und Schmetterlinge verfolgen. Ein interessierter Naturfreund kann in Ruhe die vielen kleinen Käfer, Spinnen und Asseln beobachten und ihre Artenvielfalt und Lebensweise erforschen. Dabei wird er schnell merken, daß alles rundum voller Leben steckt und einem ständigen Wandel unterliegt; man wird sehen, wie sehr auch die Tierwelt von der Witterung und den Tageszeiten abhängig ist, welche Pflanzen gemieden und welche bevorzugt werden.

Einen direkten Einfluß darauf, welche Arten von allein in unseren Garten Einzug halten, haben wir nicht. Wir können aber einige Voraussetzungen schaffen, die bestimmte Tierarten zum Bleiben veranlassen. In einem sehr gepflegten Garten wird die Artenvielfalt wesentlich geringer sein als in einem naturnahen mit einigen unordentlichen Winkeln, in denen sich Würmer, Käfer und andere Insekten vermehren können und Schmetterlingsraupen Nahrungspflanzen finden. Je größer die angebotene Nahrungsvielfalt, desto mehr Tiere werden sich einfinden. Ein Tierliebhaber wird seine Haustiere in der warmen Jahreszeit sicher in seiner Nähe im Freien haben wollen und für sie einen entsprechenden Platz vorsehen. Das Wie hängt in erster Linie von den Bedürfnissen der betreffenden Tiere ab. Ein Snob läßt es sich vielleicht einfallen, seinen kostbaren Rassehund auf einem farblich entsprechend abgestimmten Kissen malerisch auf der Terrasse zu drapieren. Für den wahren Tierfreund ist das Wohlbefinden der Tiere sicher wichtiger als solche Äußerlichkeiten.

Vögel

Im Park des Fürsten Pückler (1785 bis 1871) in Muskau wurden Papageien bei schönem Wetter, auf Ständern sitzend, an den Rand eines Sitzplatzes gestellt. Hier wurden die Vögel fast zur Dekoration, obwohl es sicher amüsant und kurzweilig war, sie hier zu beobachten (Abbildung).

In größeren Parks hielt man früher vielerlei Vögel, neben jagdbaren wie den Fasan auch exotische Vogelarten, zum Beispiel den Pfau.

Futterpflanzen für Vögel

Nicht nur Nistkasten, Vogelbad und Futterhäuschen locken Vögel an, wir können auch bestimmte Gehölze pflanzen, deren Früchte die Vögel gerne annehmen. Für die Verwendung in Sitzplatznähe eignen sich nur wenige Arten, und wir werden in Konflikt kommen zwischen dem Wunsch, sich an den zierenden Früchten über den Herbst hinaus zu erfreuen und dem Bestreben, etwas für den Vogelschutz zu tun. Vögel können nicht sparen und einteilen, sie ernten sofort, sobald sie passende reife Früchte finden. So werden wir selten lange an den roten Beeren des Feuerdorns *(Pyracantha coccinea)* Freude haben, die Vögel plündern sie in kurzer Zeit restlos. Auch Ebereschenbeeren *(Sorbus aucuparia)* und die Früchte der Fel-

Papageien zierten den Sitzplatz des Fürsten Pückler im Schloßpark von Muskau.

senbirne *(Amelanchier lamarckii)* sind schnell in den Mägen von Vogelscharen verschwunden, von Holunderbeeren *(Sambucus nigra)* und den höher wachsenden *Cotoneaster*-Arten ganz zu schweigen. Manche Früchte brauchen erst Frost, damit sie den Vögeln schmekken, wie die Hagebutten von Wild- und Parkrosen *(Rosa rugosa, R. rubiginosa, R. moyesii, R. multiflora, R. canina)*. Schnell verschwunden sind auch die Beeren der Eiben (*Taxus*-Arten) auch wenn sie noch so zahlreich vorhanden waren. Auch Kirschenarten behalten ihre Früchte nicht lange, da wird die Freundschaft auf eine harte Probe gestellt. Ob man deshalb aus Zorn seinen Kirschbaum gleich fällen muß, sollte man sich überlegen. Die Blüten und die leuchtenden Herbstfarben wiegen den Verlust der Ernte fast auf.

Im Winter bieten die Nüßchen von Hainbuchen *(Carpinus betulus)* und die Würstchen der Birken (*Betula*-Arten) Nahrung, wenn die meisten Beeren längst abgeerntet sind. Gerade auf Birken sieht man häufig Gimpel (Dompfaffen), die sich die Samen schmecken lassen. Die kleinen gelben Äpfelchen des Zierapfels *Malus sieboldii* 'Wintergold' haften lange an den kahlen Zweigen und werden erst nach strengem Frost für die Vögel genießbar. Da finden dann auch die wenig einladend aussehenden Beeren des Ligusterstrauchs *(Ligustrum vulgare)* Abnehmer.

Vogelschutz im Garten bedeutet fast ein Tauschgeschäft. Im Kampf gegen Ungeziefer sind die Vögel unentbehrliche Helfer. Sie brauchen aber auch Nist- und Versteckmöglichkeiten, um sich dauerhaft im Garten wohlzufühlen.

Winterfütterung

Die Winterfütterung der Vögel ist bei Ornithologen umstritten. Sie meinen, das ökologische Gleichgewicht werde zerstört, indem sich durch die Winterfütterung einige Vogelarten im Vergleich zu den Arten, die nicht ans Futterhaus kommen, zu stark vermehren. Daß es immer weniger Vogelarten gibt und die »Rote Liste« mit den vom Aussterben bedrohten Arten immer länger wird, liegt in erster Linie an den zerstörten oder vergifteten Lebensräumen in unserer Kulturlandschaft. Sogar Sperlinge, diese munteren Überlebenskünstler, sind in manchen Gegenden selten geworden. Das haben weder Greifvögel noch Katzen fertig gebracht, allein der Mensch mit seinem Wachstumswahn.

Wer einmal mit der Winterfütterung angefangen hat, wird sich die Freude an der Beobachtung der gefiederten Gäste nicht mehr nehmen lassen. Besonders Kindern kann man den Spaß und das Interesse an der Natur durch das Beobachten der Vögel nahebringen und ihr Verständnis für die Umwelt schon früh wekken.

Futterhaus

Es gibt hübsche Futterhäuschen, mit Rohr oder Schilf gedeckt. Auf einen Pfosten montiert oder katzensicher an einen starken Ast gehängt, sind sie dekoratives »Beiwerk« des Sitzplatzes.

Aus jedem Futterhäuschen fallen Körner oder Schalen herunter. Manche Vögel picken mit Vorliebe am Boden liegendes Futter auf wie zum Beispiel alle Finkenarten. Befindet sich dichter, wintergrüner Bewuchs in der Nähe wie beispielsweise Rhododendron oder Nadelgehölze, ist die Aussperrung der Katzen durch Maschendraht sinnvoll. Man legt dazu ein Stück einfaches Drahtgeflecht um die Pflanzen, das man im Frühjahr wieder entfernt. Es ist erstaunlich zu beobachten, wie schnell Vögel begreifen, daß die auf der Lauer liegende Katze hinter dem Drahtgeflecht keine Gefahr für sie bedeutet. Wir wollen ja schließlich keinen für die Katze bequem zu erreichenden Sonntagsbraten füttern!

Beerentragende Sträucher in Sitzplatznähe können problematisch sein, denn herabfallende Beeren werden zertreten, und der Terrassenbelag verschmutzt. Man pflanzt besser in Sichtweite, dabei bleiben die Vögel ungestört und der Sitzplatz sauber.

Nistkasten

Im Sommer werden wir nicht füttern, die Vögel suchen sich ihre Nahrung selbst und befreien uns von Schädlingen im Garten. Aber ein Nistkasten, in Sitzplatznähe an einem Baum angebracht, kann zu Beobachtungen einladen. Das Flugloch soll nach Osten orientiert sein, und falls in der Nähe Katzen vorkommen, bietet ein Stachel rings um dem Stamm einen guten Schutz. Es ist eine besondere Freude, den unermüdlich fütternden Vogeleltern zu-

Hier dient ein ausgehöhlter Naturstein als Vogeltränke.

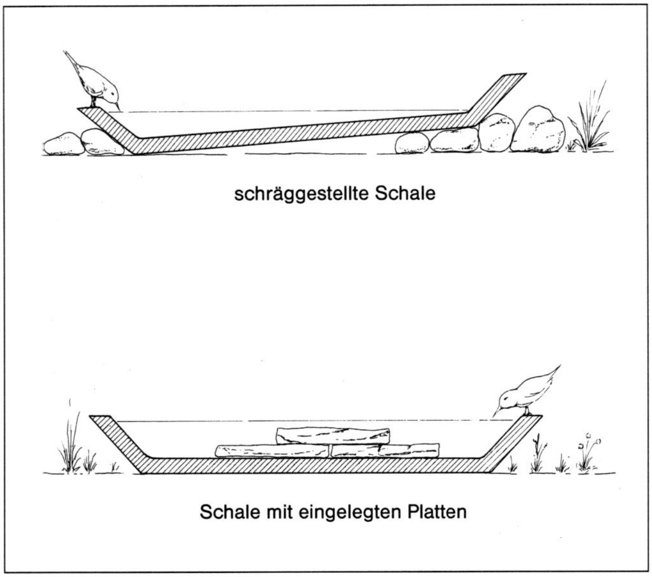

Wegen der unterschiedlichen Wassertiefen können viele Vogelarten diese beiden Vogelbäder nutzen.

zuschauen, wenn sie ungefährdet eifrig ein- und ausfliegen. Der Nistkasten muß im Herbst wegen des vorhandenen Ungeziefers, das den nächsten Vogelgenerationen zum Verhängnis werden kann, gründlich gereinigt werden. Im Winter dienen die Kästen den Vögeln bei großer Kälte als Schutz.

Vogelbad

Bei sommerlicher Wärme ist das Vogelbad begehrt, als Trinkgelegenheit oder als Badewanne. Amseln sind besonders badefreudig, alle anderen Arten aber sind dankbar für eine flache Trinkwasserstelle. Ein aufwendiges Kunstwerk muß es nicht sein. Ein großer Topfuntersatz aus Plastik oder Ton, für ein paar Mark überall zu bekommen, erfüllt vollauf den Zweck.

Ein schöner Stein mit eingehauener Mulde oder ein flaches Keramikgefäß können aber zugleich wie eine Gartenplastik wirken und eine optische Bereicherung sein.

Wichtig ist der richtige Standort, damit Vögel die Tränke annehmen, regelmäßige Säuberung und Wasseraustausch. Das Gefäß sollte frei stehen, Vögel wollen den »Überblick« behalten, damit sie keine leichte Beute von Katzen werden. Ein kleiner, lockerer Strauch in der Nähe als Anflug- und Beobachtungsplatz ist günstig, aber nicht dringend erforderlich. Vögel baden nur, wenn sie sich sicher fühlen. Befinden sich dichte Pflanzungen in der Nähe, unter denen sich Katzen verbergen könnten, sollten wir wieder Maschendraht um die »Gefahrenzone« legen. Hauskatze und Vögel lassen sich mit etwas Überlegung und mit Schutzmaßnahmen so miteinander vereinbaren, daß beiden Genüge getan wird.

Ein Vogelbad darf nicht zu tief sein, ein wenige Zentimeter hoher Wasserstand genügt. Kleinere Vögel trauen sich nicht in »tiefes« Wasser, sie sitzen nur am Rand und trinken. Mit einigen eingelegten flachen Steinen kann man unterschiedliche Wasserhöhen schaffen.

Schmetterlinge

Wer Schmetterlinge liebt und sie im Garten haben will, muß auch die Raupen in Kauf nehmen. Man pflanzt zwar gerne Gewächse, die zur Blütezeit von vielen Faltern besucht werden, den Raupen rückt man aber mit der »chemischen Keule« zu Leibe, oder vernichtet »Unkräuter«, die manche Raupen unbedingt zur Nahrung brauchen, wie etwa die Brennessel oder allerlei Kräuter im Rasen. Viele Pflanzen erholen sich erstaunlich schnell wieder nach einer Raupeninvasion. Die abgefressenen Blätter wachsen in kurzer Zeit nach. Im Kreislauf der Natur ist vieles gut aufeinander abgestimmt und funktioniert, so lange der Mensch nicht zerstörerisch eingreift. Schmetterlingsraupen werden auch durch Vögel dezimiert, Schlupfwespen legen ihre Eier in sie ab, und nur verhältnismäßig wenige Exemplare entwickeln sich zu Schmetterlingen.

Unübertroffen als »Schmetterlingsmagnet« ist der Sommerflieder *(Buddleja)*, den man deswegen auch Schmetterlingsstrauch nennt. An den blauen, weißen oder rosa Blütenrispen tummeln sich an

Sommertagen zahlreiche Falter und andere Insekten. In kalten Wintern friert die Buddleja zurück, treibt aber willig wieder aus. Sie blüht nur am einjährigen Holz, das heißt an den Trieben, die im Frühjahr wachsen, und sollte deshalb grundsätzlich kräftig zurückgeschnitten werden. Bei starkem Schneefall brechen die spröden langen Triebe leicht ab. Knipst man im Sommer die verblühten Rispen ab, bilden sich rasch neue Knospen, so daß die Blüte erheblich verlängert werden kann, zur Freude der Schmetterlinge und des Betrachters.

Zitronenfalter werden vom Duftschneeball *(Viburnum burkwoodii)* angelockt und die im Herbst blau blühende Bartblume *(Caryopteris clandonensis* und *C. incana)*, ein nur etwa 1 m hoher Kleinstrauch, ergänzen das Futterangebot.

Bei den Stauden bevorzugen die Falter den roten Sonnenhut *(Rudbeckia purpurea* syn. *Echinacea purpurea)*, Staudenphlox *(Phlox paniculata)*, Lavendel *(Lavandula)* und den Weiderich *(Lythrum salicaria)*.

Wichtige Futterpflanzen für die Raupen, die man im Garten nach Möglichkeit anbieten sollte, sind Brennessel, hohe Rasengräser, Disteln und für Zitronenfalter-Raupen den Kreuzdorn oder Faulbaum *(Rhamnus carthaticus)*. Diesen Strauch sollte man auf keinen Fall in Sitzplatznähe pflanzen, denn seine wenig auffallenden, gelbgrünen Blüten duften leider unangenehm.

Zudem bilden freßgierige Raupen im Gegensatz zu den Schmetterlingen nur für große Naturliebhaber einen erfreulichen Anblick.

Plastiken am Sitzplatz

In historischen Gärten hat die Verwendung von Plastiken einst eine große Rolle gespielt. Auch die Römer schmückten ihre Innenhöfe mit Statuen, wie wir zum Beispiel aus Pompeji wissen. In der Renaissance- und Barockzeit finden wir Bildwerke in fast allen Anlagen. Oft waren sie in großer Zahl entlang der Wege und Alleen oder auf Mauern angebracht. Sie dienten auch als Blick- und Endpunkt eines Weges oder verzierten Brunnen. Sie waren Dekoration und Ausdruck von Prunk und Reichtum. Manchmal ließ die künstlerische Qualität im einzelnen zu wünschen übrig. Anders zum Beispiel im Rokoko-Garten von Veitshöchheim bei Würzburg. Hier finden wir eine Unzahl besonders reizvoller Figuren von hohem künstlerischen Wert, die hier einen optimalen Standort gefunden haben.

In den heutigen Gärten werden Skulpturen meist als Einzelstücke verwendet. Gleich ob ein gegenständliches Bildwerk oder eine abstrakte Form gewählt wird, jedes Kunstwerk sollte sich klar von der Umgebung absetzen, aber trotzdem eine Beziehung dazu haben. So wird man einen Frosch oder Fischreiher nicht zu alpinen Stauden stellen, sondern sie ihrem natürlichen Lebensraum entsprechend in Wassernähe plazieren. Unpassend wäre auch, Tierplastiken einsam auf einer freien Rasenfläche aufzustellen, während hier ein abstraktes Kunstwerk oder eine große Figur gut zur Geltung kommen würde.

Ein gewisses künstlerisches Niveau muß erfüllt sein. Rückt man ein billiges Massenprodukt ins Blickfeld, fällt seine Unzulänglichkeit besonders auf, und der Anspruch auf Luxus, der häufig der Grund für das Aufstellen einer Plastik ist, wird eher ins Gegenteil verkehrt. Gut sichtbar sollten Plastiken auf jeden Fall stehen. Sie verlangen einen ihrer Größe entsprechenden Raum um sich und Abstand vom Betrachter. Sitzplätze sind meist zu klein, um diesen Abstand zu gewährleisten. So wird man das Bildwerk außerhalb der Terrasse in optimaler Entfernung als Blickpunkt aufstellen. Normen für den »besten Platz« gibt es nicht, die Art und Form der Plastik ist dafür entscheidend. Die eine verlangt als Hintergrund eine Bepflanzung, einer anderen mag der freie Raum gemäß sein.

Bei einem Sitzplatz am Haus kann eine Nische einen guten Platz für eine Plastik darstellen. Sie kann eine kahle Wand schmücken und wird dort ohne Schwierigkeiten ins Blickfeld gerückt. Kleinere Plastiken, die aus der Nähe betrachtet werden sollen, können auf einer niedrigen Mauer oder auf einem Sockel in Augenhöhe stehen.

In einem Park oder großen Garten wird ein Sitzplatz manchmal durch eine Plastik betont oder findet erst durch sie seine Berechtigung. Wichtig ist neben der erwähnten künstlerischen Qualität und dem notwendigen Raum auch der entsprechende Rahmen, der Bezirk, den die Plastik beherrschen kann. Die Bepflanzung sollte sich unterordnen.

Gegenständliche Figuren im Garten brauchen einen ihrer Größe entsprechenden Sockel. Zu leicht rutscht sonst Kunst in die Nähe von gefühlvoller Romantik. Das Reh darf nicht so aufgestellt werden, »als ob« es »gerade so« aus dem Gebüsch komme. Eine Plastik ist immer zusätzlicher Gartenschmuck, »sie soll und darf nicht mit der Natur zu einem letztlich doch nur verlogenem Ganzen werden wollen« (Hans Schiller).

Linke Seite: Kunst im Garten – warum soll so eine Plastik nicht einmal Pfiff und Humor beweisen? Bildhauer: Wolfgang Sand, München.

Literaturverzeichnis

Andritzky, M., und Spitzer, K.: Grün in der Stadt. Rowohlt Taschenbuch-Verlag, Reinbeck bei Hamburg 1981.

Baetzner, A. und Rieger, K.: Natursteinarbeiten im Garten- und Landschaftsbau. Verlag Eugen Ulmer, Stuttgart 1979.

Barrau, F.: Alle Öfen und Kamine. Verlagsgesellschaft Rudolf Müller Köln 1986.

Barrau, F.: Der offene Kamin. Verlag Julius Hoffmann, Stuttgart 1976.

Bundesverband Garten-, Landschafts- und Sportplatzbau e.V.: Giftige Pflanzen an Kinderspielplätzen. Bonn 1978.

Beuchert, M.: Die Gärten Chinas. Eugen Diederichs Verlag, München 1988.

Encke, F., und Schiller, H.: Dachgärten, Terrassen und Balkone. Verlag Eugen Ulmer, Stuttgart 1975.

Garner, Ph.: Möbel des 20. Jahrhunderts. Keysersche Verlagsbuchhandlung, München 1980.

Gartenpraxis. Verlag Eugen Ulmer, Stuttgart 1975 bis 1989.

Gollwitzer, G., und Wirsing, W.: Dachgärten und Dachterrassen. Verlag Callwey, München 1962.

Gollwitzer, G., und Wirsing, W.: Dachflächen. Verlag Callwey, München 1971.

Gollwitzer, G.: Gartenlust. Prestel Verlag, München 1956.

Gothein, M.-L.: Geschichte der Gartenkunst. Eugen Diederichs Verlag, Jena 1926. Nachdruck Georg Ollus Verlag, Hildesheim – New York 1977.

Grebe, R., und Jaehner, I.: 50 Ideen für den Garten. Deutsche Verlags-Anstalt, Stuttgart 1972.

Grub, H.: Grün zwischen Häusern. Callwey Verlag, München 1984.

Hepp, G.: Tausend Jahre in der Laube. Süddeutsche Zeitung, München, vom 7. 7. 1984.

Herwig, R., und Stehling, W.: Der Weg zum schönen Garten. BLV Verlagsgesellschaft, München 1984.

Jakobs, H.: Sitzplätze. Verlag Gartenschönheit, Aachen, 44. Jahrgang.

Keller, H.: Darstellung in der Freiraumplanung. Verlag Paul Parey, Berlin und Hamburg 1985.

Koch, H.: Der Garten. Ernst Wasmuth Verlag, Berlin 1927.

Ludwig, K.: Wohnhöfe – Hofräume. Callwey Verlag, München 1987.

Mang, K.: Geschichte des modernen Möbels. Verlag Arthur Niggli A. C., Teufen 1978.

Migge, L.: Die Gartenkultur des 20. Jahrhunderts. Eugen Diederichs Verlag, Jena 1913.

Passecker, A., und Gruber, P.: Allsamt ein irdisch Paradies. Paul Neff Verlag, Wien 1976.

Pückler-Muskau, H. v.: Andeutungen über Landschaftsgärtnerei. Hallbergsche Verlagsbuchhandlung, Stuttgart 1834.

Schiller, H.: Pflanzenwahl für schöne Gärten. Verlag Paul Parey, Berlin 1967.

Schönauer, G.: Wohnung und Gesundheit. Institut für Baubiologie, Neubeuern 1988.

Schümmelfelder, H.: Terrassen. Callwey Verlag, München 1986.

Sembach, Leuthäuser, Gösse: Möbeldesign des 20. Jahrhunderts. Taschen-Comics Verlag, Köln ohne Jahr.

Sieber, J.: Rosen. BLV Verlagsgesellschaft, München 1983.

Sikora, H.-R.: Gartenteich und Wasserspiele. Falken-Verlag, Niedernhausen 1980.

Skasa-Weiß, E.: Gärten. Verlag Bruckmann, München 1968.

Spannagel, F.: Der Möbelbau. Otto Maier Verlag, Ravensburg 1954. Neuausgabe von Edition Librari, Hannover 1983.
Tanner, O.: Handwerksarbeiten im Garten. Time-Life International, Amsterdam 1979.
Thiele, H.: Wohnen in kleinen Gärten. Verlag Eugen Ulmer, Stuttgart 1982.
Thomas, R.: Brunnen im Garten. Callwey Verlag, München 1984.
Thonet, Gebrüder: Verkaufskatalog 1888. Verlag Dr. Graham Dry, München 1979.
Vegesack, A. v.: Das Thonet Buch. Bangert Verlag, München 1987.
Wilke, H.: Der Naturteich im Garten. Gräfe und Unzer, München 1985.
Wieland, D.: Gebaute Lebensräume. Beton-Verlag, Düsseldorf 1982.

Bildquellen

Die Zeichnungen fertigte Bernd Burkhart, Stuttgart, nach Vorlagen der Autorinnen. Von den Autorinnen stammen die Zeichnungen Seite 12, 30, 34, 41, 54 und 96. Zeichnung Seite 40: Marlene Gemke, Germering.

Apel, J., Baden-Baden: Seite 27, 96.
Bartunek, A., Aichtal: Seite 24, 30, 45, 58, 95 oben.
Betz-Schiel, W., Grafing: Seite 44 oben, 83, 85.
Felbinger, A., Leinfelden-Echterdingen: Seite 38, 55, 91.
Fischer, H., Neudichau: Seite 98.
Galerie Metropol, Wien: Seite 48 oben.
Garpa, Holert Handelsgesellschaft, Escheburg: Seite 17, 51 oben.
Graeber, T., Bernau: Seite 13, 61, 78.
Hinz-Rosin, J.-P., Grafing: Seite 106.
Keller, K., München: Seite 11.
Kirchner, S., Sylt-Ost: Seite 50 oben.
Köhlein, F., Bindlach: Seite 29 rechts, 54, 84, 94, 95 unten.
von Kotzebue, F.J., Poschmühle: Seite 48.
Lehmann, J., Kippenheim: Seite 2, 9, 44 unten, 51 unten, 79.
Leipacher, B., Wuppertal: Seite 29 links, 46 oben, 53 unten.
Loga Möbel, Untersiemau: Seite 50 unten.
Neuberger, P., Fürstenfeldbruck: Seite 53 oben.
Planck, G., Stuttgart: Seite 25, 57, 60, 65, 69, 76, 103.
Rausch KG, Karlsruhe: Seite 49.
Reinhard, H., Heiligkreuzsteinach: Umschlagfoto
Repenthin, C., Osnabrück: Seite 14, 46 unten, 47, 75, 100 oben.
Rücker, K., Stuttgart: Seite 72, 73, 77.
Stifter, R., Wien: Seite 41, 87, 89.
Wawrik, H., Mannheim: Seite 15.
Wirth, P., Leinfelden-Echterdingen: Seite 8, 16, 26, 34, 100 unten.

Sachregister

Abdeckplatte 54
Abfallplatten 30
Absaugleitung 30
Algenbelag 32
Aluminiummöbel 99
Auskofferung 21
Außenkamin 98
Auszwickeln 26

Bank 10, 15, 19, 43 f., 52, 94
Barock 7
- Möbel 43
Basalt 24
Bauerngarten 10
- Möbel 44
Begrenzung 23, 31
Belagarten 12 f., 20 ff.
Beleuchtungskörper 57
Bepflanzungsbeispiele 62 ff., 71 ff.
Betonbecken 93
Betonfertigteile 54
Betonmauer 54
Betonplatte 20 f., 25 ff.
Betonstein 23, 32
Biedermeier 7, 45
Biergartenstühle 51
Blattformen 15
Blumenkasten 39
- Bepflanzung 39, 89
- mit Rankgitter 39
Blütensträucher 61, 89
Böschung 11
Bruchplatten 20
Brunnen 28, 50, 87, 91 ff.
Bugholzmöbel 45

Dachgarten 28, 50, 87, 96
- Bepflanzung 88 ff.
- Möblierung 87
Dachüberstand 36
Diabas 24
Dolomit 24
Doppelschirm 42
Dränage 55

Eingangsbereich 10
Eisenbahnschwellen 29, 55, 97
Eisenmöbel 45, 49
Elektrische Anschlüsse 58, 94 f.
England, Möbel aus 47
Entwässerung 21 f., 28

Fichten 59
Filter 94
Findlinge 15 f., 53, 93
Flächenbedarf 19
Flechtwand 16, 35, 37 f.
Formsteine 24
Frühjahrsbepflanzung 39, 90
Frühstücksterrasse 18
Fugen 15, 20, 22, 24, 27 f., 30
Fundament 55
Futterpflanzen für Vögel 101

Gabbro 24
Gartengrill 100
Gartenlaube 7, 38
Gefälle 21, 27
Gehölze, Größe 59
- laubabwerfende 71, 89
- Schnitt 61
- Sichtschutz 70
- wintergrüne 71
Geruch, Pflanzen mit unangenehmem 78
Gesteinsarten 24
Giftige Pflanzen 78
Gitterwand 16, 35, 38
Glaswände 36
Gneis 24, 32
Granit 24, 32
Granittröge 92
Großpflaster 26, 31
Gründerzeit 7
Gußeisenmöbel 45

Hang 11
Hanglage 28
Hartgestein 24, 30
Hausmeisterschnitt 61
Hecke 36, 38, 59 ff.
- freiwachsend 71
- geschnitten 71
Hochbeet 13
Hollywoodschaukel 49
Holz 20
Holzdeck 15, 28
Holzfässer 96
Holzmauer 55
Holzmöbel heute 49
Holzpaneele 28
Holzpflaster 29, 31

Immergrüne Bepflanzung 61, 89
Imprägnierung 28, 55
Improvisierte Sitzgelegenheiten 56

Jugendstilmöbel 47

Kalkstein 23, 32, 53
Kamin 98
- Einsätze 99
- vorgefertigt 99
Kantensteine 23
Kantholzpalisaden 37
Kantholzpflaster 29
Karlsruher Gartenstein 54
Katzen 103
Kies 21 ff., 29, 94
Kiesunterbau 20 ff.
Kindersicherung am Wasser 97
Klappstühle 10, 43, 51
Kleinsteinpflaster 26, 59
Klinker 15, 20, 27 ff., 31
Klinkermauer 36
Knirschfuge 24
Koniferen 71, 89
Kontraste 20, 26
Korbmögel 46
Kreuzverband 30
Kübel 82
- Bepflanzung 84 ff., 89

Kunststeinbecken 93
Kunststoffbecken 93, 97
Kunststoffbottich 96
Kunststoffmöbel 51

Lackierte Holzmöbel 52
Lage 8
Lamellen 37
Lampen 58
Lampenform 57
Laubabwerfende Gehölze 71
Lichtverhältnisse 18
Liegemöbel 50
Liegestuhl 18, 50
Lochner, Stephan 52
Loos, Adolf 48
Ludwig XIV 74

Mackintosch, Charles Renni 48
Madame de Montespan 74
Magnus, Albertus 52
Markisen 12, 17
Markisenstoff 38, 40
Mauern 9, 36, 52
- aus Beton 54
- aus Holz 55
Mehrfamilienhäuser 10
Mehrjährige Pflanzen 85
Migge, Leberecht 43
Mittelpflaster 26
Möbel aus Eisen 45
- aus England 47
- aus Stahl und Eisen 49
- heute 48
Mobiler Garten 82
Möblierung 87
Mosaikpflaster 26
Mühlstein 93 f.
Müllcontainer 14
Muschelkalk 24
»Muttergottes in der Rosenlaube« 52

Nachbarschaftsrecht 36
Nadelgehölze 89
Nagelfluh 20
Naturnahe Gärten 23
Naturstein 25, 30, 54 f.
Natursteinbrocken 53
Naturstein-Monolithe 33
Natursteinpflaster 26, 31
Natursteintröge 83
Nistkasten 101, 103
Nutzpflanzen 88

Oberflächenstruktur 20
Offene Sitzplätze am Haus 10
Ortsveränderliche Gartenlampen 58

Pallisaden 37
Paneele 28
Paravent 38
Park von Sissinghurst Castle 52
Park von Versailles 74
Peddigrohr 50
Pergola 13, 15, 17, 38, 40 f., 87
- Maße, Material 33
Pfeiler 33, 35
Pfetten 33, 35
Pflanzen am Wasser 70
- im Kübel oder Trog frostharte Pflanzen 85
- mit unangenehmem Geruch 78
Pflanzgefäße 88
Pflanzflächen 35
Pflaster aus Holz 29, 31
Pflasterklinker 27 f.
Pflastermörtel 24
Pflastersteine 23
Pflasterstein-Strukturplatten 26
Pfosten 35
Plastik 53
Plastikmöbel 49
Plattenbelag 20
Podest 11, 15
Polygonale Natursteinplatten 30
Pompeji 107
Porphyr 20, 24
Proportionen von Haus und Garten 18
Pückler 101

Quarzit 24

Raffrollos 40
Rankgerüst 87 ff.
Rankgitter 37 ff.
Rankwände 39
Rasenbank 52
Rauchrohr 98
Raumteiler 39
Raupen 104
Regenschatten 13
Reihenhäuser 10
Riemerschmid, Richard 48
Rokoko-Garten Veitshöchheim 107
Rollkies 37
Romantische Gärten 52
Römischer Verband 30
Rosen 75
- für Blumenkästen 89
- für größere Tröge 89
Rostanstrich 52
Rückendeckung 9
Rundbank 17
Rundeisen-Stühle 46
Rundholzpallisaden 37
Rundholzpflaster 29

Sandschicht 22
Sandstein 24, 83
Sanssouci 7
Säulen 35
Schalen 83
Schaltuhr 94
Schamottmörtel 98
Schattiger Sitzplatz 10, 16
Schilfmatten 16, 35, 38
Schlacke 84
Schlingpflanzen 7, 39
Schloß Hellbrunn 91
Schmetterlingsraupen 100
Schornstein 98
Schotterrasen 29
Schutz gegen Sonne und Regen 39
Schutzwände 87
Schwarztorf 84
Schwerölgetränkte Hölzer 29
Senkrechte Stützen 33
Setzlatte 22
Shaker-Möbel 46
Sichtschutz 33, 36, 38
»Siena« 27
Sitzhöhe 51
Sitzkissen 27, 49
Sitzkomfort 49
Sitzmauer 43, 53 ff.
Sitzsteine 52, 53, 95
Solnhofer gebrochene Platten 24
Sonnenschirm 12, 17, 41
Sonnenschutz 41
Sonnensegel 41
Sonniger Standort im Frühjahr 62
- im Herbst 65
- im Sommer 65
Spaliere 37
Spalierlauben 7
Spanische Wand 38
Springbrunnen 16, 92 f.
Substrat 84
Substratschicht 88
Südterrasse 10
Stadtbereich 15

Stahlmöbel 43
Stahlrohre 33
Stahlrohrgestelle 38
Standort der Terrasse 18
Statuen 107
Stauden und Zwiebelgewächse 76
Steckdose mit Erdspieß 58
Steile Böschungen 11
Steinbänke 44
Steingut 82
Steinquader 43
Steintröge 96, 16
Stelen 37
Strabo, Walfrid 7
Strandkorb 50, 56
Straßenbereich 39
Sträucher 89
Stufen 11, 43, 55 ff.
Stühle 18
Stützmauern 12, 55
Styroporflocken 84

Tauchpumpen 93 f.
Tausalz 32
Teakholz 47 f.
»Tegula« 27
Terrakotta-Kübel 16
Terrasse 8 f., 12
Terrassenbelag 20
Terrassenfläche 27
Terrassenhöhe 11
Textilien 49
Thonet, Michael 45
Thonet Möbel 45
Tiefe der Auskofferung 21
Tierliebhaber 100
Tonvase 107
Topfuntersatz 104
Torfstreu 39
Traghölzer 33
Tränke 104
Travertin 20
Treillage 37
Trennwände 36
Treppen 52, 57
Trianon de porcelaine 74
Tröge 88

Übergang vom Haus zur Terrasse 11
Übergangslösung 23
Überlauf 94
Unregelmäßiger (polygonaler) Verband 29
Unterwasserpumpen 94
Unterzüge 33, 35
U-Steine 83

Valentin, Otto 54
Verbundsteine 26
Vergrößerung der Terrasse 13
Verlegeart 15
Verstellbare Rücken und Seitenlehnen 51
»Via Antiqua« 27
»Villa Castello« 7
Vogelbad 101, 104
Vogelhaus 88
Vogeltränke 88
Voller Schatten 67
Vollsonniger trockener Standort 67
Vorgefertigte Kamine 99

Wallraf-Richartz-Museum 52
Wandbrunnen 92
Waschbetonplatten 26
Wasseranschluß 94
Wasserbecken 17
Wassergebundene Decke 23
Wasserpflanzen 17
Wasserpumpen 93
Wasserspeicherfähigkeit 88
Wasserspiele 93
Wechselbepflanzung 82
Wegefläche 27
Weichgesteine 24
Weißtorfsubstrate 84
Wilhelm V, Herzog von Bayern 7
Windlicht 57
Windschutz 33
Winterfütterung 102 ff.
Wohnen im Freien 10
Wohnstraße 10
Würmer 100
Wurzgarten 7

Zementmörtel 25
Zementschleier 24
Zugang 10
Zugluft 36
Zwergobstbäume 88
Zwiebelgewächse 77